KB123646

바그너의 경우
니체 대 바그너

세창클래식 008

# 바그너의 경우 / 니체 대 바그너

**초판 1쇄 인쇄**   2020년 12월 15일
**초판 1쇄 발행**   2020년 12월 22일
–

**지은이**   프리드리히 니체
**옮긴이**   이상엽
**펴낸이**   이방원
**편 집**   송원빈 · 김명희 · 안효희 · 정조연 · 정우경 · 최선희 · 조상희
**디자인**   손경화 · 박혜옥 · 양혜진      **영 업**   최성수      **마케팅**   이예희
–

**펴낸곳**   세창출판사
　　　　신고번호 제300-1990-63호   **주소** 03735 서울시 서대문구 경기대로 88 냉천빌딩 4층
　　　　전화 02-723-8660   팩스 02-720-4579   **이메일** edit@sechangpub.co.kr   **홈페이지** http://www.sechangpub.co.kr
　　　　블로그 blog.naver.com/scpc1992   페이스북 fb.me/Sechangofficial   인스타그램 @sechang_official
–

**ISBN**   978-89-8411-994-9   93160

이 도서의 국립중앙도서관 출판예정도서목록(CIP)은 서지정보유통지원시스템 홈페이지(http://seoji.nl.go.kr)와
국가자료종합목록 구축시스템(http://kolis-net.nl.go.kr)에서 이용하실 수 있습니다.(CIP제어번호: CIP2020050779)

# 바그너의 경우
# 니체 대 바그너

프리드리히 니체 지음

이상엽 옮김

세창클래식 008

세창출판사

## 차례

**일러두기**

1. 외국 인명이나 지명 등은 이미 외래어처럼 사용하고 있는 것 외에는 모두 국립국어원의 외래어표기법을 따랐다.
2. 번역에 사용한 원본의 서지 정보는 다음과 같다.

   Friedrich Nietzsche, *Der Fall Wagner, Götzen-Dämmerung, Antichrist, Ecce Homo, Dionysos-Dithyramben, Nietzsche contra Wagner*(Kritische Studiengabe, Herausgegeben von Giorgio Colli und Mazzino Montinari, Deutscher Taschenbuch Verlag/de Gruyter, Münschen, 1988).

# 바그너의 경우Der Fall Wagner(1888)

## ─악사들의 문제Ein Musikanten-Problem

# 서문

나는 마음이 약간 홀가분해졌다. 내가 이 글에서 비제[1]에게 찬사
를 보내고 바그너를 그 대가로 희생시키는 것은 단순한 악의에서
가 아니다. 나는 많은 농담들 중에서 농담이 될 수 없는 한 가지 문
제를 제시한다. 바그너에게 등을 돌렸던 것은 내게는 하나의 운명
이었다. 어떤 것을 나중에 다시 좋아하게 된다는 것은 하나의 승리
이다. 어느 누구도 나보다 더 위험하게 바그너적인 것에 얽혀 있지

---

1    역주: 비제(Georges Bizet, 1838-1875)는 1863년 《진주조개잡이(Les pêcheurs de perles)》로 오
     페라 작곡가로서 첫 이름을 알렸다. 특히 남유럽 특유의 생동감 있고 화려한 색채의 오페라
     를 창작했다. 그의 최후의 작품인 《카르멘(Carmen)》은 1875년에 초연되었고, 그가 죽은 뒤에
     야 비로소 작품성을 인정받았으며 대중적으로도 폭발적인 인기를 얻게 되었다.

않았을 것이고, 어느 누구도 나보다 더 강력하게 그것에 저항하지 않았을 것이며, 어느 누구도 나보다 더 그것에서 벗어나는 데 기뻐하지 않았을 것이다. 이것은 아주 긴 이야기이다! — 이 이야기에 대해 이름 붙이기를 원하는가? — 만약 내가 도덕주의자였다면, 내가 여기에 어떤 이름을 붙였을지 알겠는가! 아마도 **자기극복**이었을 것이다. — 그러나 철학자는 도덕주의자를 좋아하지 않는다… 철학자는 역시 미사여구도 좋아하지 않는다…

한 철학자가 처음부터 끝까지 한결같이 자기 자신에게 원하는 것은 무엇인가? 그것은 자신 안에서 자신의 시대를 극복하는 것, 즉 '시대를 초월하는' 것이다. 그렇다면 그가 격렬하게 대결을 벌이는 대상은 무엇인가? 그는 무엇보다도 자신을 자신의 시대의 아들로 만드는 것과 대결한다. 자! 나는 바그너만큼이나 이 시대의 아들이다. 말하자면 나는 한 사람의 **데카당**décadent이란 말이다. 바로 이것이 내가 파악했던 것이고, 바로 이것이 내가 저항했던 것이다. 내 안에 있는 철학자가 이것에 저항했다.

내가 가장 깊이 몰두했던 것은 사실상 데카당스décadence의 문제였다. — 그럴 만한 이유가 있다. '선과 악'은 단지 이 문제의 변종에 지나지 않는다. 사람들이 몰락의 징조에 눈을 뜨기 시작하면, 곧 도덕에 대해서도 이해하게 된다. — 사람들은 도덕이라는 가장 성스러운 이름과 가치 형식 배후에 무엇이 숨겨져 있는지를 이해하게 된다. **빈곤한** 삶, 종말에의 의지, 그리고 지독한 피로 등을 말이다.

도덕은 삶을 **부정한다**… 그러한 과제를 위해 나는 자기훈련이 필요했다. ― 바그너, 쇼펜하우어, 그리고 근대의 '인간성' 전체를 포함해, 내 안에 있는 모든 병적인 것에 **대항하는 일**이 필요했다. ― 시대적인 모든 것과 시대에 어울리는 모든 것에 대한 깊은 경계와 냉담과 각성이 필요했다. 그리고 최고의 소원은 **차라투스트라**의 눈을 갖는 것, 즉 인간에 관한 모든 사태를 엄청나게 먼 곳으로부터 조망하는 눈 ― 자기 **아래로** 굽어보는 눈 ― 을 갖는 것이었다… 이러한 목표 ― 이러한 목표를 위해서라면 어떤 희생이 아깝겠는가? 어떤 '자기극복'! 어떤 '자기부정'이 아깝겠는가!

나의 가장 큰 체험은 **병의 치유**였다. 바그너는 내가 가졌던 병들 중에서 단 하나의 병에 불과했다.

내가 이 바그너라는 병에 감사하고 싶지 않다는 것은 아니다. 나는 이 글에서 바그너는 **유해한 존재**라는 주장을 계속 견지해 나가지만, 그럼에도 불구하고 그가 **어떤 사람에게는** 없어서 안 될 존재인가 하는 점에 관해서도 계속 주장하고자 한다. ― 그는 철학자에게는 없어서 안 될 존재이다. 철학자 이외의 사람들은 아마 바그너 없이도 잘 지낼 수 있을 것이다. 그러나 철학자는 자기 마음대로 바그너 없이 지낼 수 없다. 철학자는 자신의 시대에 대해 양심의 가책을 느껴야 한다. ― 그러기 위해 그는 자신의 시대를 가장 잘 알아야 한다. 그런데 그가 어디에서 근대 영혼의 미로Labyrinth에 관해 바그너보다 더 정통한 안내자를 발견하겠으며, 어디에서 바그너보다 더 달변의 영혼의 고지자를 발견하겠는가? 근대성은 바그너를 통해 자신의 내면의 **가장 은밀한** 말을 하고 있는 것이다. 근대성은 자신의 선도 자신의 악도 숨기지 않는다. 근대성은 자신의 모든 수치심을 잊어버렸다. 그리고 거꾸로 말한다면 말이다. 사람들이 바그너의 경우에 나타난 선과 악에 관해 명확히 알게 된다면, 근대적인 것의 가치에 대한 **계산**을 거의 끝낸 셈이 될 것이다. ― 오늘날 어떤 음악가가 "나는 바그너를 싫어한다. 그러나 나는 다른 음악은 더 참아 낼 수 없다"고 말한다면, 나는 그 음악가의 말을 완전히 이해한다. 하지만 나는 어떤 철학자의 다음과 같은 말도 이해할 수 있을 것 같다. "바그너는 근대성을 **요약하고 있다**. 별다른 방법이 없다. 우선은 바그너주의자가 되어야 한다…"

# 바그너의 경우

1888년 5월 토리노로부터의 편지

우울한 내용은 웃으면서 말하라...

## 1.

나는 어제 **비제**의 걸작을 스무 번째 들었다. ─ 당신은 이것을 믿을 수 있겠는가? 나는 또 한 번 부드럽게 정신을 집중한 채 그것을 끝까지 견뎌 냈다. 나는 또 한 번 그것에서 도망치지 않은 것이다. 내가 이렇게 나 자신의 끈기 없음을 이겨 냈다는 것은 놀라운 일이다. 얼마나 완벽한 작품인가! 사람들은 이 작품과 더불어 스스로 하나의 '걸작'이 된다. ─ 그리고 사실상 나는 《카르멘》²을 들을 때는 언제나 다른 어떤 때보다도 나 자신을 더 철학자인 것처럼 느끼고, 더 훌륭한 철학자인 것처럼 느낀다. 그렇게 나는 아주 느긋해지고 아주 행복해지고 아주 인도적indisch이 되며 아주 **엉덩이가 무거워진다**… 다섯 시간을 앉아 있다는 것, 이것은 신성Heiligkeit의 첫 단계다! ― 비제의 오케스트라 음색은 내가 지금도 참아 낼 수 있는 유일한 것이라고 말해도 되겠는가? 지금 정상에 있는 저 **또 다른** 오케스트라 음색, 저 바그너의 것은 포학하고 인위적이며 동시에 '순결unschuldig'하다. 그것은 근대 영혼의 세 가지 감각을 향해 한꺼번에 말을 한다. ― 이 바그너의 오케스트라 음색은 얼마나 내게 해를 끼치는지! 나는 그것을 시로코Scirocco[3]라고 부른다. 불쾌한 땀이 내게 솟구친다. **나의** 좋은 날씨는 사라져 버린다.

비제의 음악은 내게 완벽한 것으로 보인다. 이 음악은 가볍고 부드럽고 정중하게 다가온다. 이것은 사랑할 만하다. 이것은 **땀나게 하지** 않는다. "좋은 것은 가볍고, 모든 신적인 것은 부드러운 발걸음으로 걸어간다." 이것은 내 미학의 첫 번째 명제이다. 비제의 음악은 심술궂고 세련되며 숙명적이다. 그래서 대중에게 친근하

---

2    역주: 비제가 1875년에 작곡한 오페라 《카르멘》은 4막으로 구성되어 있다. 1820년경 스페인 세빌리아의 하사관 돈 호세(Don José)는 순진한 청년으로 고향에는 약혼녀가 있지만, 집시 여인 카르멘의 유혹에 넘어가 결국은 그녀 대신 감옥에 들어가게 된다. 석방된 호세는 카르멘을 찾았으나 이미 그녀는 투우사 에스카미요(Escamillo)에게 마음을 두고 있다는 것을 알게 되고, 이에 격분한 호세는 투우장에서 카르멘을 칼로 찔러 죽인다.

3    역주: 아프리카 사막에서 불어오는 열풍이다.

다. — 이 음악은 한 개인의 세련미가 아니라 한 종족의 세련미를 지니고 있다. 이 음악은 풍부하다. 이 음악은 간결하다. 이 음악은 건축하고 조직함으로써 완성된다. 따라서 이 음악은 음악에서의 용종Polypen의 반대이고 '무한 선율'의 반대이다. 이것보다 더 고통스럽게 펼쳐지는 비극적인 악센트를 무대 위에서 들어 본 적이 있는가? 그리고 이 음악은 어떻게 성취되었는가! 찡그린 얼굴 없이! 화폐위조 없이! 위대한 양식이라는 **사기**Lüge 없이 성취되었다! — 마침내 이 음악은 청자를 지성인으로 간주하고, 심지어는 음악가로 간주한다. — **그럼으로써** 이 음악은 바그너 음악의 반대이다. 바그너는 다른 점은 어떻든지 간에 세상에서 **가장 무례한** 천재였다(바그너는 우리를 마치 ~처럼 다룬다. 그는 한 가지 것에 대해 사람들이 자포자기할 때까지 자주 말한다. — 사람들이 그것을 믿게 될 때까지 말이다).

그리고 또 한 번 말하겠다. 이 비제의 음악이 나를 설득하면 나는 더 나은 인간이 된다. 또한 더 나은 악사가 되기도 하고 더 나은 **청중**이 되기도 한다. 이렇게 듣는 것보다 더 잘 듣는 것이 도대체 가능한 일일까? — 나는 게다가 내 귀를 이 음악의 **아래**에 갖다 댄다. 이 음악의 근원을 듣는다. 그러면 나는 이 음악의 탄생 과정을 체험하는 것 같은 생각이 든다. — 나는 어떤 모험에 수반되는 위험에 몸을 떤다. 나는 비제 자신의 의도와는 아무 상관없는 우연한 행운들에 기뻐한다. — 이 얼마나 기이한 일인가! 사실 나는 기본적으로 그런 것들에 관해 생각하지는 않는다. 나는 내가 그런 것들에 관해 얼마만큼 생각하는지 **알지** 못한다. 왜냐하면 내 머릿속에는 그 사이에도 전혀 다른 생각들이 흘러가기 때문이다… 사람들은 음악이 정신을 **자유롭게 한다**는 것을 알고 있을까? 생각에 날개를 달아 준다는 것을? 음악가가 되면 될수록, 더욱더 철학자가 된다는 것을? — 추상이라는 회색 하늘에 번개가 번쩍이며 지나간 듯하다. 그 빛은 섬세한 사물들 모두를 비출 정도로 충분히 강하다. 커다란 문제들이 거의 포착된다. 세계는 마치 산 위에서 보듯 내려다보인다. — 나는 방금 철학적 파토스에 대해 정의하고 있었다. — 그리고 뜻밖에도 **해답**이 내 손에 들어온다. **해결된 문제**로부터 생기는 얼음과 지혜의 어떤 작은 우박Hagel 말이다… 나는 지금 어디에 있는가? — 비제는 나를 풍요롭게 한다. 모든 좋은 것은 나를 풍요롭게 한다. 바로 이 점에서 나는 감사의 마음을 갖는다. 그리고 바로 이 점에서 나는 좋은 것이 무엇인지에 대한 **증명**도 갖게 되는 것이다. —

## 2.

역시 이 작품도 구원한다. 바그너만이 유일한 '구원자'는 아니다. 사람들은 이 작품과 더불어 **축축한** 북방Norden에 이별을 고한다. 온통 수증기 같은 바그너적인 이상Ideal에 이별을 고한다. 이미 이야기 줄거리가 그것에서 벗어나 있다. 그 줄거리는 메리메[4]에 의해 열정적인 논리, 가장 짧은 윤곽, **가혹한** 필연성까지도 갖추고 있다. 그것은 무엇보다도 열대지방에 속하는 것, 즉 건조한 공기, **투명한** 대기를 가지고 있다. 여기서는 모든 면에서 기후가 바뀌어 있다. 여기서는 다른 감각, 다른 감수성, 다른 명랑성Heiterkeit이 말하고 있다. 이 음악은 명랑하다. 그러나 프랑스적 명랑성이나 독일적 명랑성은 아니다. 그 명랑성은 아프리카적이다. 그것은 자신의 숙명을 갖고 있고, 그것의 행복은 짧고 갑작스러우며 주저 없이 찾아온다. 나는 비제가 유럽의 교양 있는 음악에서는 이제까지 단 한 번도 표현된 적이 없었던 이러한 감수성을 위해 — 이러한 남방적südlich이며 갈색의 그을린 감수성을 위해 — 용기를 내었다는 점 때문에 그를 부러워한다… 그 행복의 노란색 빛 오후는 우리에게 얼마나 좋은 것인가! 이때 우리는 멀리 내다보게 된다. 우리는 전에 이보다 **더 잔잔한** 바다를 본 적이 있었는가? — 그리고 무어인의 춤은 우리에게 안심하라고 얼마나 설득하고 있는지! 만족할 줄 모르는 우리도 그 춤이 지닌 관능적 우울에서 결국은 만족을 배우고야 만다! — 마침내 사랑을, **자연**으로 환원되는 사랑을 말이다! 이것은 '고결한 처녀'의 사랑이 아니다! 젠타[5]의 감수성도 아니다! 오히려 운명으로서의 사랑,

---

4  역주: 메리메(Prosper Mérimée, 1803-1870)는 19세기 프랑스의 작가이다. 비제의 《카르멘》(1875)은 메리메의 단편소설 『카르멘』(1845)을 기초로 하고 있다.

5  역주: 젠타(Senta)는 바그너의 《방황하는 네덜란드인(Der Fliegende Holländer)》(1843)에 등장하는 여주인공이다. 그녀는 자신의 헌신적 사랑과 비극적인 죽음을 통해 유령선 선장인 네덜란드인을 구원한다.

**숙명**으로서의 사랑, 시니컬하고 순수하며 잔인한 사랑이다. ─ 그리고 바로 그 속에는 **자연**이 들어 있다. 그 한가운데에 투쟁이 있고 그 밑바닥에는 성Geschlecht에 대한 **철저한 증오**가 놓여 있는 사랑! ─ 나는 사랑의 본질을 이루는 비극적 장난이 그토록 강렬하게 표현되어 있고 그토록 끔찍하게 공식화되어 있는 경우를 본 적이 없다. 이 작품의 끝을 장식하는 돈 호세의 외침은 이렇다.

"그래! 내가 그녀를 죽였다,

내가 ─ 내 사모하는 카르멘을!"

─ 사랑을 이런 식으로 이해하는 것은 (이것은 유일하게 철학자에게나 어울리는 것인데)─ 드문 일이다. 이런 이해는 수천 개의 예술작품 중에서 한 작품을 돋보이게 만드는 것이다. 왜냐하면 예술가들은 세상 모든 것이 하는 것과 마찬가지로 작품을 평균적으로 만들기 때문이다. 그리고 더 나쁜 것은 ─ 그들이 사랑을 **잘못 이해하고 있다는 점이다.** 바그너도 역시 사랑을 잘못 이해했다. 그들은 사랑을 몰아적인 것selbstlos이라고 믿었다. 왜냐하면 사랑하는 사람들은 다른 사람의 이익을 원하며 종종 자신의 이익에 반대되는 것을 바라기 때문이다. 그러나 그들은 그 대가로 그 다른 사람을 **소유하기** 원한다… 심지어는 신마저도 예외는 아니다. 신은 "내가 너를 사랑하는 것이 너와 무슨 상관이 있단 말인가?"라는 식으로 생각하는 것

과는 거리가 멀다. ─ 신은 사람들이 사랑으로 응답하지 않으면 무섭게 변한다. 사람들은 다음과 같은 격언으로 신과 인간 사이에서 옳은 판단을 내릴 것이다. "사랑은 모든 감정 중에서 가장 이기적인 감정이다. 그리고 그렇기 때문에 상처받게 되면 가장 관대하지 못하다"(콩스탕)[6].

## 3.

내가 얼마나 이 음악에 의해 **좋아졌는지**를 당신은 벌써 알아챘는가? ─ "음악은 지중해처럼 되어야 한다." 나는 이 공식Formel에 관해 몇 가지 근거를 가지고 있다(《선악을 넘어서》 220쪽)[7]. 자연, 건강, 명랑성, 젊음, **덕**으로의 회귀! ─ 그러나 나는 가장 부패한 바그너주의자 중 한 사람이었다… 나는 바그너를 진지하게 받아들일 수 있었다… 아! 이 늙은 마술사! 그가 우리를 속이면서 보여 주었던 그 모든 것이 무엇이었단 말인가! 그의 예술이 우리에게 제공한 첫 번째 것은 확대경이다. 사람들이 그 안을 들여다보면 자신의 눈

---

6    역주: 콩스탕(Benjamin Constant, 1767-1830)은 스위스 로잔 출생으로 프랑스의 정치가이자 소설가이며, 그의 정식 이름은 Henri-Benjamin Constant de Rebecque이다. 그는 현대 심리소설의 선구적인 작품 『아돌프(Adolphe)』(1816)의 작가이다. 위 인용문은 그의 작품 『아돌프』에 나오는 문장을 압축한 것이다.

7    역주: 『선악을 넘어서』 초판본(1886)의 220쪽을 가리킨다. 이 부분은 『선악을 넘어서』의 255절로서 '음악의 미래'에 관해 말하고 있다.

을 믿지 못하게 된다. ─ 모든 것은 거대해지고, **바그너마저도 거대해진다**… 이 얼마나 교활한 방울뱀이란 말인가! 이 뱀은 우리에게 삶 전체에 대한 '헌신', '충실', '순수'를 쉬지 않고 떠들어 댄다. 그리고 이 뱀은 순결을 찬양하면서 **타락한** 세계로부터 자기 몸을 **빼낸다!** ─ 그리고 우리는 이 뱀의 그런 것을 믿었던 것이다…

─ 그런데도 당신은 내 말을 듣지 않으려 하는가? 당신은 비제의 문제보다 바그너의 **문제**가 더 마음에 든단 말인가? 나 역시 바그너의 문제를 낮게 평가하지는 않는다. 그것은 나름대로의 마력을 지니고 있다. 구원의 문제는 그 자체가 하나의 중요한 문제이다. 바그너가 구원이라는 문제만큼 깊이 숙고한 것은 없다. 그의 오페라는 구원의 오페라이다. 어떤 사람은 항상 그에게서 구원을 얻길 바라고 있다. 때로는 어떤 청년이, 때로는 어떤 처녀가 말이다. ─ 이것이 바그너의 문제인 것이다. ─ 그리고 그는 자신의 라이트모티프 Leitmotiv[8]를 얼마나 다양하게 변화시키는가! 얼마나 진기하고 얼마나 의미심장한 조바꿈인가! 바그너가 아니라면 누가 그런 것을 우리에게 가르쳐 주었을까? 순결한 처녀는 사랑에 빠지면 흥미진진한 죄인을 구원하게 된다는 것(《탄호이저》[9]의 경우) 말이다. 또는 심

---

8    역주: 오페라 등에서 극 중 주요 인물이나 특정한 감정 등을 상징하는 동기를 취하는 악구(樂句)이다. 바그너는 라이트모티프를 곡 중에서 반복적으로 사용함으로써 극의 진행을 암시하고 악곡의 통일성을 주었다.

9    역주: 바그너의 《탄호이저(Tannhäuser)》의 원제는 《탄호이저와 바르트부르크의 노래 경연대

지어 영원한 유대인도 결혼하게 되면 구원받고 **정착하게** 된다는 것(《방황하는 네덜란드인》[10]의 경우), 또는 낡고 찌든 방의 여인은 순결한 젊은이에 의해 구원받기를 좋아한다는 것(쿤드리[11]의 경우), 또는 아름다운 소녀는 바그너주의자인 어떤 기사에 의해 구원받기를 가장 바란다는 것(《명가수》[12]의 경우), 또는 결혼한 여인도 역시 기사에 의해 구원받기를 좋아한다는 것(《이졸데》[13]의 경우), 또는 '늙은 신'은 모

회(Tannhäuser und der Sängerkrieg auf Wartburg)》이고 전 3막으로 구성되어 있으며, 1845년 드레스덴에서 초연되었다. 기사인 탄호이저는 베누스산에서 육욕의 여신 베누스(Venus)의 성적 쾌락에 빠져 관능의 포로가 되어 헤어나지 못한다. 그러나 연인 엘리자베트(Elisabeth)의 순수하고 진실한 사랑과 희생적인 죽음 후, 탄호이저도 그녀를 따라 죽지만 영혼의 구원을 얻게 된다.

10 역주: 바그너의 《방황하는 네덜란드인》은 전 3막으로 구성되어 있고, 1843년 드레스덴에서 초연되었다. 유령선을 타고 선원들과 함께 망망대해를 정처 없이 방황하는 저주를 받은 네덜란드인이 순수한 젠타의 진정한 사랑을 받아 저주가 풀린다는 이야기이다. 결국 이 네덜란드인은 절벽 아래 바다로 몸을 던져 자신의 사랑이 거짓이 아님을 죽음으로 증명한 젠타의 손을 맞잡고 승천한다.

11 역주: 쿤드리(Kundry)는 1882년 바이로이트에서 초연되었고 3막으로 구성된 바그너의 《파르지팔(Parsifal)》에 등장하는 여주인공이다. 쿤드리는 원래 착하고 온순한 여성이지만 클링조르(Klingsor)가 마법을 걸면 색정적인 마녀로 변해 성배 기사들을 유혹한다. 쿤드리는 한때 십자가에 매달린 그리스도를 능멸한 죄로 영원한 방랑의 저주를 받았고 결국은 숨지지만 파르지팔에 의해 영혼의 구원을 받는다.

12 역주: 바그너의 《뉘른베르크의 명가수(Die Meistersinger von Nürnberg)》는 전 3막으로 구성되어 있고, 1868년 뮌헨에서 초연되었다. 젊은 기사 발터(Walter)는 사랑에 빠진 에바(Eva)와 결혼하기 위해 성 요한 축일에 치러지는 '명가수 노래 경연대회'에 참가하기로 결심한다. 발터는 우선 명가수 조합에 가입하려고 하나 시험에서 떨어지고 실망한 끝에 에바와 함께 도망치려 한다. 그러나 에바를 짝사랑하던 구둣방 주인 작스(Sachs)가 발터의 노래에 감동되어 에바에 대한 자신의 사랑을 포기할 뿐만 아니라 기지를 발휘해 발터가 노래 경연대회에서 우승하게 한다는 이야기이다. 이 작품은 바그너의 후기 작품으로는 유일한 희극이다.

13 역주: 바그너의 《트리스탄과 이졸데(Tristan und Isolde)》는 전 3막으로 구성되어 있고, 1865년

든 면에서 도덕적인 타협을 하고 난 후 결국은 자유정신과 비도덕
주의자들에 의해 구원받는다는 것(《반지》[14]의 경우) 말이다. 당신은
특히 이 마지막 것이 품고 있는 깊은 의미에 경탄하는가? 당신은 그
의미를 이해하는가? 나는 ― 그것을 이해하지 않으려고 매우 조심
하고 있다… 나는 사람들이 앞서 언급한 작품들에서 또 다른 가르
침을 찾아낼 수 있다는 것을 부정하지 않으며, 차라리 그 점을 증
명하고 싶다. 바그너의 발레는 사람들을 절망으로 몰아넣을 수 있
다는 것 ― **그리고** 덕을 갖추게 할 수 있다는 것(다시 한번《탄호이저》
의 경우), 사람들이 제시간에 잠자리에 들지 않으면 가장 좋지 않은
결과를 초래할 수 있다는 것(다시 한번《로엔그린》[15]의 경우), 사람들은

뮌헨에서 초연되었다. 마르케 왕이 아내로 맞이할 이졸데 공주를 데려오라고 아일랜드로 보
낸 기사 트리스탄은 이졸데와 사랑에 빠지고 만다. 결국 두 사람의 부정은 들통이 났고, 트리
스탄은 결투 중 치명적인 중상을 입고 자신의 고향 브르타뉴에 유배된다. 마르케 왕은 두 연
인의 사랑이 브랑게네의 사랑의 묘약을 먹은 데서 비롯된 것을 알고 두 연인을 용서하지만,
트리스탄은 죽고 이졸데마저 그의 시체에 엎드린 채 숨을 거둔다.

14  역주: 바그너의 《니벨룽의 반지(Der Ring des Nibelungen)》는 4부작으로 구성되어 있고, 1876년
바이로이트에서 초연되었다. 제1부(전야) 라인의 황금(Das Rheingold), 제2부(제1야) 발퀴레(Die
Walküre), 제3부(제2야) 지그프리트(Siegfried), 제4부(제3야) 신들의 황혼(Götterdämmerung)이
그것이다. 《니벨룽의 반지》는 보탄(Wotan)을 중심으로 하는 신들의 세계, 난쟁이 니벨룽족의
세계, 지그프리트를 중심으로 하는 인간의 세계로 구성되어 있다. 이 작품은 신들의 세계가
몰락한 후 인간의 세계가 새롭게 탄생하는 과정을 묘사하고 있다. 반지를 둘러싸고 펼쳐지는
권력을 향한 욕망, 사랑, 배신, 복수, 권력의 허망함, 삶의 허무 등의 주제를 다루고 있다.

15  역주: 바그너의 《로엔그린(Lohengrin)》은 전 3막으로 구성되어 있고, 1850년 바이마르에서 초
연되었다. 로엔그린은 백조가 끄는 배를 타고 브라반트국을 방문해, 브라반트 공작의 딸 엘
자(Elsa)를 구출하여 결혼하지만 엘자가 서약을 깨고서 로엔그린의 신분을 묻는다. 그 때문에
로엔그린은 행복한 결혼생활을 버리고 다시 백조가 끄는 배로 귀환하게 된다(역주 31 참고).

정말 누구와 결혼했는지를 절대로 정확히 알아서는 안 된다는 것 (세 번째로《로엔그린》의 경우) 말이다. ―《트리스탄과 이졸데》는 완벽한 남편을 찬양한다. 그 남편은 어떤 경우라도 단지 한 가지 질문만을 갖고 있다. "그런데 당신은 왜 내게 미리 말하지 않았나요? 그것보다 더 간단한 것은 없는데!" 대답은 다음과 같다.

"나는 그것을 당신에게 말할 수 없어요.
그리고 당신이 묻는 그것을,
당신은 절대 알 수 없을 거예요."

《로엔그린》은 탐구와 물음에 대한 엄숙한 금지를 포함하고 있다. 이로써 바그너는 "너는 **믿어야** 하며 믿지 않으면 안 된다"라는 그리스도교적 관념을 대변하고 있다. 학문적으로 존재한다는 것이 가장 고귀한 것과 가장 성스러운 것에 대한 범죄 행위가 되는 셈이다…《방황하는 네덜란드인》은 여성은 가장 불안정한 사람도 정착하게 한다는, 바그너적으로 말하면, '구원한다'는 숭고한 가르침을 설교한다. 여기서 감히 실례를 무릅쓰고 질문 하나를 해 보겠다. 그것이 사실이라고 가정한다 하더라도, 그것이 바랄 만한 가치가 있다는 것인가? ― 한 여자가 숭배하고 **정착시킨** '영원한 유대인'은 어떻게 되는 것인가? 그는 단지 영원히 존재하는 것을 그만두었을 뿐이다. 그는 결혼을 한 것이다. 그는 우리와는 더 이상 아무 상

관도 없게 된다. ― 현실적으로 바꿔 말하면, 예술가와 천재의 위험
은 ― 그리고 이들이야말로 '영원한 유대인'이다 ― 여성에게 있다.
그들을 **숭배하는** 여성이 그들의 파멸의 근원이다. 자신이 신처럼 떠
받들어지고 있다고 느끼게 되면, 거의 대부분은 파멸당하지 않기
위해 ― '구원되지' 않기 위해 ― 충분히 강한 성격을 유지하지 못한
다. ― 그들은 곧 여성에게 굽실거리고 만다. ― 남자는 특히 영원
히 ― 여성적인 것에 약하다. 여성들은 이 점을 잘 알고 있다. ― 여
성의 사랑에서 많은 경우에, 그리고 어쩌면 가장 유명한 사랑의 경
우에, 사랑은 어떤 세련된 **기생**Parasitismus에 지나지 않다. 어떤 낯선
영혼에 눌러앉는 것, 때로는 심지어 어떤 낯선 육체에 눌러앉는 것
일 뿐이다. ― 아! 그 '숙주'는 항상 얼마나 많은 손해를 보는 것일
까! ――

　　사람들은 위선적이고 노처녀 같은 독일에서 괴테가 처한 운명을
알고 있다. 그는 늘 독일인들에게 불쾌감을 불러일으켰다. 그는 유
대인 여성들로부터만 진정한 찬사를 받았다. 실러, 그 '고귀한' 실
러, 그는 위대한 말로 독일인들의 귓전을 두드렸고 ― 독일인들의
마음에 쏙 들었다. 독일인들은 괴테의 어떤 점을 비난했는가? 저
'베누스의 산'을 비난했다. 그리고 괴테가 「베네치아 격언시」를 썼
다는 것을 비난했다. 이미 클롭슈토크[16]는 괴테에게 도덕적 설교를

---

16　역주: 클롭슈토크(Friedrich Gottlieb Klopstock, 1724-1803)는 독일의 시인이다. 그는 근대 독일

했다. 헤르더가 괴테에 관해 말할 때 '외설'이라는 단어를 즐겨 사용한 적도 있었다. 심지어는 『빌헬름 마이스터』조차도 단지 몰락의 징후일 뿐이라고, 단지 도덕적 '타락'일 뿐이라고 여겼다. 거기에 나오는 '길들인 가축의 곡예', 영웅의 '하찮음'은 예컨대 니부어[17] 같은 사람을 격노하게 했다. 끝내 니부어는 탄식을 터뜨리고 말았다. 만약 **비터롤프**[18]라면 즉석에서 다음과 같이 노래했을 만한 탄식 말이다. "한 위대한 영혼이 자신의 날개를 빼앗긴 다음에, **보다 높은 존재가 되는 것을 포기하면서**, 자신의 대가적 기량을 훨씬 사소한 것에서 구하려 할 때보다 더 쉽게 고통스러운 느낌을 만들어 내는 것은 아무것도 없다"… 그러나 가장 격노했던 사람은 그 고결한 처녀였다. 모든 자그마한 궁성이, 독일에 있는 모든 종류의 '바르트부르크 Wartburg'가 괴테 앞에서, 괴테 안에 있는 '불결한 정신' 앞에서 십자

문학의 선구자로서 괴테, 횔덜린, 릴케에게 영향을 미쳤다. 대표적인 작품으로 『구세주(Der Messias)』(1748), 『취리히 호수(Der Zürchersee)』(1750), 『봄의 제전(Die Frühlingsfeier)』(1759) 등이 있고, 희곡으로서 게르만의 영웅을 주제로 한 3부작 《헤르만의 전투(Hermanns Schlacht)》(1769), 《헤르만과 여러 군주(Hermann und die Fürsten)》(1784), 《헤르만의 죽음(Hermanns Tod)》(1787)과, 성서에서 소재를 구한 《아담의 죽음(Der Tod Adams)》(1757) 등이 있다.

17    역주: 니부어(Barthold Georg Niebuhr, 1776-1831)는 독일의 사학자이자 정치가이다. 근대 역사학의 문헌학적 및 비판적 방법론을 확립했고, 나중에 랑케 등에 영향을 미친다.

18    역주: 비터롤프(Biterolf)는 바그너의 《탄호이저》에 등장하는 기사이자 음유시인이다. 바르트부르크성 안에서 '사랑의 힘'을 주제로 한 노래 경연대회가 벌어지는데, 이때 발터 폴 보겔바이데(Walter von der Vogelweide), 비터롤프, 볼프람(Wolfram) 세 사람은 도덕적인 용어로 정숙하고 순결한 사랑을 노래한 반면, 탄호이저는 성적인 것을 노골적으로 강조하는 감각적이고 쾌락적인 사랑을 노래한다. 비터롤프는 탄호이저의 세속적 사랑에 대한 노래에 격노해 그를 죽이려고 칼을 뽑아 든다.

가에 매달렸기 때문이다. — 바그너는 **이러한** 이야기를 음악으로 옮긴 것이다. 바그너는 괴테를 **구원했다.** 이 점은 자명하다. 그러나 그는 그러면서도 교활하게도 저 고결한 처녀의 편을 들고 있다. 괴테가 구원되기는 하지만, — 기도가 그를 구원하는 것이며, 고결한 처녀가 그를 끌어올린 것이다…

— 괴테는 바그너에 대해 어떻게 생각할 것 같은가? — 괴테는 언젠가 모든 낭만주의자를 따라다니는 위험, 말하자면 낭만주의자의 숙명은 무엇인가라는 질문을 던진 적이 있다. 괴테의 대답은 "도덕적이고 종교적인 불합리의 반복에 질식당하는 것"이었다. 간단히 말하면 《파르지팔》인 것이다. — 본 철학자는 여기에 에필로그를 추가해 보겠다. **신성함** — 아마 이것은 민중과 여성이 아직까지도 보다 높은 가치로 간주하는 최후의 것이며, 태어날 때부터 근시안적인 사람들 모두가 갖는 이상의 지평일 것이다. 그러나 철학자들 사이에서 신성함이란 모든 지평이 그렇듯이 단순한 몰이해에 지나지 않는 것이고, **그들의** 세계가 막 **시작되는** 곳에서 문을 닫아 버리는 행위에 지나지 않는 것이다. — **그들의** 위험, **그들의** 이상, **그들의** 염원이 시작되는 곳에서 말이다… 좀 더 정중하게 표현하면, "철학은 대중에게는 적합하지 않다. 대중이 원하는 것은 신성함이다." —

# 4.

— 《반지》 이야기도 해 보겠다. 이 이야기도 지금까지 말한 것들과 관련이 있다. 이것도 역시 구원에 관한 이야기이다. 이번에는 단지 구원받는 자가 바그너일 뿐이다. — 바그너는 자신의 반평생 동안 **혁명**에 관해 믿어 왔다. 여느 프랑스인이 혁명을 믿어 왔던 것처럼 말이다. 그는 룬 문자Runenschrift로 쓰인 신화 속에서 혁명을 모색했다. 그는 **지그프리트**[19]에게서 혁명가의 전형적 모습을 발견했다고 믿었다. — "세계의 모든 불행은 어디에서 유래하는가?"라고 바그너는 물었다. 그는 마치 모든 혁명적 이데올로그들처럼 "낡은 계약으로부터"라고 대답했다. 독일적으로 말하면, 관습, 법률, 도덕, 제도로부터, 낡은 세계와 낡은 사회가 근거하고 있던 모든 것으로부터라고 말이다. "어떻게 하면 세계의 불행을 사라지게 할 수 있는가?" "어떻게 하면 낡은 사회를 없앨 수 있는가?" 오직 '계약들'(관습, 도덕)에 전쟁을 선포함으로써만 가능하다는 것이다. **이러한 일을 지그프리트가 하고 있다.** 그는 이 일을 일찍, 아주 일찍 시작한다. 그의 출생부터가 이미 도덕에 대한 전쟁 선언이다. 그는 간통과 근친상간에 의해 세상에 태어난다… 전설의 내용이 그런 것이 **아니**

---

19   역주: 지그프리트는 쌍둥이 남매인 지그문트(Siegmund)와 지글린데(Sieglinde) 사이에서 태어나 고아로 자라지만 훌륭한 전사가 된다. 지그프리트는 발퀴레(Valkyria)인 브륀힐데(Brünnhilde)와 함께 신들이 주재하는 세계의 낡은 체제를 파괴하는 운명을 타고났다.

라 바그너가 이러한 극단적인 특징을 고안해 낸 것이다. 이 지점에서 바그너는 전설을 **수정하고 있다**… 지그프리트는 자신의 시작과 유사하게 그렇게 자신의 생활을 지속해 간다. 그는 충동에 따라 즉흥적으로 행동한다. 그는 모든 전통, 모든 경외심, 그리고 모든 **두려움**을 허물어 버린다. 그는 자신의 마음에 들지 않는 것들을 찔러 죽여 버린다. 그는 무례하게도 낡은 신들에게 육탄공격을 감행한다. 하지만 그의 주요 임무는 **여성을 해방시키는 것이다.** — "브륀힐데[20]를 구원하는 것" 말이다… 지그프리트와 브륀힐데, 자유연애의 성례식Sakrament이고, 황금기의 시작이며, 낡은 도덕의 신들의 황혼이다. — **악은 제거된 것이다**… 바그너의 배는 오랜 시간 동안 힘차게 이러한 항로를 따라 흘러갔다. 의심할 여지없이 바그너는 이러한 항로에서 자신의 최고 목표를 찾았던 것이다. — 그런데 무슨 일이 벌어졌는가? 불행한 일이 생기고 말았다. 배가 암초에 걸린 것이다. 바그너는 꼼짝도 못하게 되었다. 그 암초란 것은 바로 쇼펜하우어의 철학이었다. 바그너는 완전히 **정반대의** 세계관에서 좌초당한 것이다. 그가 음악 속에 집어넣었던 것은 무엇이었는가? 낙관주의였다. 바그너는 부끄러웠다. 그것도 쇼펜하우어가 나쁜 형용사를 붙였던 낙관주의 — **향기 없는** 낙관주의였으니 말이다. 바그너는 또 한

---

20  역주: 브륀힐데는 보탄 신의 딸로서 발퀴레 중 한 명이다. 발퀴레란 전쟁에서 목숨을 잃은 영웅을 발할라(Valhalla)로 데려오는 임무를 맡은 여전사를 일컫는다. 브륀힐데는 지그프리트와 사랑에 빠지게 된다.

번 부끄러웠다. 그는 오랫동안 생각해 보았지만, 자신의 처지가 절
망적인 것 같았다⋯ 마침내 그에게 하나의 탈출구가 희미하게 보였
다. 바로 그를 좌초시킨 암초? 어떤가? 그 암초를 자신의 여행 목표
이고 숨은 의도이고 원래의 의미라고 해석한다면? **여기에서 좌초한
다는 것 — 이것도 역시 하나의 목표일 수 있다.** "내가 좌초하게 된
다면, 나는 제대로 항해한 것이노라"⋯ 그리고 그는 《반지》를 쇼펜
하우어적으로 옮겨 놓은 것이다. 모든 것은 기울어 간다. 모든 것은
파멸한다. 새로운 세계는 낡은 세계만큼이나 나쁘다. — **무無, Nichts**
가, 인도의 키르케Circe가 손짓하며 부른다⋯ 브륀힐데는 예전의 의
도대로라면 '모든 것이 좋아진다'는 사회주의적 유토피아로 세계를
달래면서 자유연애를 기리는 노래를 부르며 작별을 고해야 했겠지
만, 이제는 어떤 다른 숙제를 부여받았다. 그녀는 우선 쇼펜하우어
를 공부해야만 한다. 그녀는 『의지와 표상으로서의 세계』 제4부를
운문으로 바꾸어 놓아야 한다. **바그너는 구원되었다**⋯ 진지하게 말하
면, 그것은 **진실로 구원이었다.** 바그너가 쇼펜하우어에게 입은 덕은
헤아릴 수 없을 정도다. 비로소 **데카당스의 철학자**는 데카당스의 예
술가에게 **자기 자신**을 선사했던 것이다⋯


5.


**데카당스의 예술가**에게 — 라는 말을 사용했다. 그리고 이 말로 인

해 나는 진지해지기 시작한다. 이 데카당이 우리의 건강을 망쳐 버리고 — 게다가 음악까지 망쳐 버리면, 나는 그저 천진난만하게 바라보고만 있지 못한다! 바그너가 도대체 인간이란 말인가? 오히려 그는 어떤 전염병이 아닐까? 그는 그가 손대는 모든 것을 병들게 한다. — **그는 음악을 병들게 했다.** —

전형적인 데카당은 필연적으로 부패한 취향에서 감수성을 가지고, 이 취향을 보다 높은 취향이라고 주장하고, 자신의 부패를 법칙으로, 진보로, 완성으로 관철시킬 줄 안다.

그리고 그는 저항받지 않는다. 그의 유혹 능력은 거대해져 간다. 그의 주위에는 향연Weihrauch이 자욱하게 피어오른다. 그에 관한 오해는 '복음Evangelium'이라고 불린다. — 그는 결코 **정신이 빈곤한 자**만을 설복시키는 것이 아니다!

나는 창문을 조금 열고 싶다. 공기를! 더 많은 공기를! ——

독일 사람들이 바그너에 관해 속고 있다는 사실이 내게는 하나도 놀랍지 않다. 그 반대라면 나는 놀랄 것이다. 독일인들은 숭배할 만한 바그너라는 존재를 스스로 만들어 낸 것이다. 그들이 심리학자였던 적은 한 번도 없다. 이와 같이 그들은 자신들의 오해에 덕을 본 셈이다. 그러나 파리의 사람들도 바그너에게 속고 있다는 것! 파리의 사람들은 거의가 심리학자라고 할 수 있는데도 말이다. 게다가 상트페테르부르크에서도! 이곳 사람들은 파리에서 밝혀내지 못한 것까지 간파해 내는데도 말이다. 바그너가 유럽 전체의 데카당들과 도대체 얼마나 닮아 있기에 그들에 의해서도 바그너가 데카 당으로 느껴지지 않는단 말인가! 바그너는 그들과 한 부류이다. 바 그너는 그들의 주연배우이자 그들 중 가장 위대한 인물이다… 사 람들은 그를 **구름** 속으로 떠받들어 올림으로써 자신을 찬양하는 것 이다. ― 사람들이 그에게 저항하지 않는다는 사실 그 자체가 이미 데카당스의 한 징표이다. 본능은 약화되었다. 사람들이 멀리했어 야만 했던 것이 그들의 마음을 끌어당긴다. 사람들은 자신들을 훨 씬 더 빨리 나락으로 빠뜨리는 것에 입을 맞추는 법이다. ― 예를 하나 원하는가? 그것은 빈혈환자나 통풍환자나 당뇨환자가 자신에 게 처방하는 식이요법만 보면 알 수 있다. 채식주의자란 강장성 식 이요법corroborirende Diät이 필요한 자이다. 해로운 것을 해롭다고 느 끼고 해로운 것을 의식적으로 멀리할 수 있는 것은 젊음과 생명력의 징표이다. 해로운 것은 지쳐 버린 자를 **유혹한다**. 채소는 채식주의 자를 유혹한다. 병조차도 삶에 대한 자극제가 될 수 있다. 다만 이 러한 자극제를 이겨 낼 수 있을 정도로 충분한 건강을 갖고 있기만 하면 된다! ― 그런데 바그너는 더욱 지치게 한다. **그렇기 때문에** 그 는 약자와 지쳐 버린 자를 유혹하는 것이다. 오, 저 늙은 거장은 방 울뱀의 행운을 누리고 있다! 그는 늘 '어린애들'이 자신에게 다가오 는 것을 바라볼 수 있기 때문이다! ―

나는 우선 바그너의 예술이 병들어 있다는 이러한 관점을 말해 보겠다. 그가 무대 위에 올리는 문제들은 모두 히스테리 환자의 문제들에 불과하다. 그의 발작적인 정서, 그의 과민한 감각, 그의 점점 더 강한 자극을 원하는 미적 취향, 그가 자신의 원칙인 것처럼 가장하는 그의 불안정성, 생리적 전형으로 간주된 그의 남녀 주인공들(— 병자들의 진열실! —)의 선정에서 결코 적지 않은 경우 — 이러한 모든 것들은 전부 병든 모습을 보여 준다. 이는 의심할 여지가 없다. **바그너는 노이로제 환자이다.** 여기서 예술과 예술가라는 번데기 속에 자신을 감추는, 변질이라는 프로메테우스적인 성격보다 오늘날 더 잘 알려져 있는 것은 없으며, 마찬가지로 그것보다 더 잘 연구된 것도 없을 것이다. 우리의 의사들과 생리학자들은 바그너에게서 가장 흥미로운 경우를, 최소한 아주 전형적인 경우를 발견한다. 바로 이러한 전체적 질병보다, 이러한 신경기관의 미숙함과 과민함보다 더 근대적인 것은 없다. 그렇기 때문에 바그너는 전형적인 근대 예술가이며 근대성의 진열장인 것이다. 그의 예술에는 오늘날 전 세계가 가장 필요로 하는 것이 가장 유혹적인 방식으로 섞여 있다. — 지쳐 있는 자를 자극하는 세 가지 커다란 자극제, 즉 **잔인성**과 **기교성**과 **순진성**(백치적인 성향) 말이다.

바그너는 음악의 위대한 파괴자이다. 그는 지쳐 버린 신경을 자극하는 수단을 음악 안에서 알아냈다. — 그는 그것을 가지고 음악을 병들게 했다. 가장 지쳐 버린 자를 다시 고무시키고 반쯤 죽은 사람을 소생시키는 기술이라는 측면에서 본다면, 그의 고안 능력은 결코 하찮은 것이 아니다. 그는 최면술의 대가이다. 그는 가장 강력한 사람들도 황소처럼 넘어뜨린다. 바그너의 **성공**은 — 그의 성공은 신경에 대한, 그리고 결과적으로는 여성들에 대한 성공이다. — 야심 있는 음악가들의 세계 전체를 그의 비밀스러운 기술의 제자로 만들어 버렸다. 그리고 야심 있는 음악가들뿐 아니라 **영리한** 음악가들까지도 말이다… 오늘날은 병든 음악만이 돈을 벌게 한다. 우리의 커다란 극장들은 바그너 덕택에 유지되고 있다.

6.

— 나는 다시 기분이 좋아진다. 나는 바그너의 **성공**이 확연해져서 구체화된 경우, 그리고 바그너가 인도주의적 음악학자로 자신을 위장해 젊은 예술가들 사이에 섞이는 경우를 상상해 본다. 당신은 그가 거기서 어떤 말을 하리라고 생각하는가? —

그는 다음과 같이 말할 것이다.

친구들이여, 우리들끼리 몇 마디만 이야기 나누세. 좋은 음악을 만드는 것보다는 나쁜 음악을 만드는 것이 더 쉽네. 어떤가? 그 외에도 나쁜 음악을 만드는 것이 더 이익이 된다면? 더 영향력 있고, 더 설득력 있고, 더 감동적이고, 더 신뢰할 만하다면? **더 바그너적이라면?**… 아름다운 것은 아주 소수의 사람들 것이라네Pulchrum est paucorum hominum. 애석한 일이지! 우리는 이 라틴어를 이해하지. 그러나 우리는 아마 우리의 장점도 역시 이해할걸세. 아름다운 것은 가시가 돋쳐 있는 법이라네. 우리는 알고 있지 않은가. 도대체 무엇을 위한 아름다움이란 말인가? 위대한 것, 숭고한 것, 거대한 것, **대중**을 움직이는 것을 더 좋아하면 왜 안 된단 말인가? — 그리고 다시 한번 말하지만, 아름답게 있는 것보다 거대하게 있는 것이 더 쉬운 법이라네. 우리는 알고 있지 않은가…

우리는 대중을 알고 있고, 극장을 알고 있네. 극장 안의 최고 관객인 독일의 젊은이들, 즉 각질 피부의 지그프리트와 여타의 바그너주의자들은 숭고한 것, 깊이 있는 것, 그리고 압도적인 것을 필요로 한다네. 우리는 이 정도쯤은 줄 수 있네. 그리고 극장의 다른 관객들, 즉 교양 있는 백치들, 별 볼 일 없는 거만한 자들, 영원히 여성적인 자들, 운이 좋아 이해하는 자들, 간단히 말해 **민중들**도 마찬가지로 숭고한 것, 깊이 있는 것, 그리고 압도적인 것을 필요로 한다네. 그들은 모두가 "우리를 놀라게 하는 자는 강하다. 우리를 고양시키는 자는 신적이다. 우리를 예감하게 만드는 자는 깊이가 있다"라는 한 가지의 논리를 갖고 있다네. — 나의 음악가 선생들이여, 우리 결심을 하세. 우리, 그들을 놀라게 하고 고양시키고 예감하도록 만드세. 우리는 이 정도쯤은 할 수 있네.

먼저, 예감하게 만드는 것에 관해 말한다면, 여기서는 우리의 '양식' 개념이 출발점을 제공하고 있네. 무엇보다, 생각Gedanke하지 말게나! 생각하는 것보다 더 웃음거리로 만드는 것은 없다네! 오히려 생각 **이전의** 상태, 아직 태어나지 않은 생각들의 혼잡스러운 상태, 미래적인 생각에 대한 약속, 신이 창조하기 이전의 있는 그대로의 세계 ― 카오스의 재현이, 카오스가 예감하게 만든다네…

대가의 언어로 말한다면, 무한성이라고 말한다네. 선율 없는 무한성 말이네.

그다음으로 놀라게 하는 것과 관련해 본다면, 이것은 부분적으로는 이미 생리학에 속해 있다네. 우리는 그 무엇보다도 악기에 대해 공부해 보세. 몇몇 악기들은 심지어는 내장까지도 설득한다네 (― 그것들은 헨델식으로 말하자면 문을 **열어 준다네**). 다른 악기들은 척수를 매료시키네. 여기서는 음향의 색조가 결정적인 것이라네. 무엇이 울려나오는가는 별로 중요치 않네. 우리는 이 점에서 세련되기로 하세! 이게 아니라면 우리가 무엇을 위해 힘을 쏟겠는가? 우리는 음향에서는 어리석을 정도로 특색을 나타내야 하네! 우리가 사람들에게 음향을 통해 알아맞혀야 할 것을 많이 제공해 주면, 그들은 우리의 정신이 이런 일을 한다고 여긴다네! 신경을 성가시게 자극하세. 신경을 그것이 죽어 버릴 만큼 때리세. 번개와 천둥을 마음대로 다루세. ― 이것이 놀라게 한다네…

그런데 무엇보다도 **격정**이 놀라게 만든다네. ― 격정에 관해 이해해 보세. 격정보다 더 경제적인 것은 없다네! 사람들은 대위법의 온갖 장점 없이도 잘 지낼 수 있네. 사람들은 아무것도 배울 필요가 없다는 것이야. ― 사람들은 격정을 항상 가질 수 있지 않은가! 아름다움은 어려운 것이지. 아름다움을 경계하기로 하세!… 그리고 **선율**도 말일세! 친구들이여, 비방하세! 비방해 버리세! 만약 우리가 우리의 이상에 대해 진지해진다면, 우리 선율을 비방해 버리세! 아름다운 선율보다 더 위험한 것은 없네! 이것보다 더 확실하게 취향을 부패시키는 것은 없다네! 친구들이여, 사람들이 다시 아름다운 선율을 사랑하게 되면, 우리가 지는 것이라네!…

　　**원칙**: 선율은 비도덕적이다. **증거**: 팔레스트리나[21]. **적용**: 파르지팔.
　　선율의 결여는 그 자체가 성스러운 것이다…

　　그리고 격정에 대한 정의는 이것이라네. 격정 ― 이것은 이명동음異名同音, Enharmonik이라는 밧줄 위에서 벌이는 추한 체조라 할 수 있네. ― 나의 친구들이여, 과감히 추해지세! 바그너는 그것을 감행했네! 가장 어울리지 않는 화음의 진흙덩이를 우리 앞으로 과감하게 굴리세! 우리의 손을 아끼지 마세나! 그래야만 비로소 우리는 **자연스럽게** 될 것이네…

　　마지막 충고! 아마도 이 충고가 모든 것을 포함하고 있을 걸세. ― **우리, 이상주의자가 되세!** ― 이것이 우리가 할 수 있는 일 중에서

---

21　역주: 팔레스트리나(Giovanni Pierluigi da Palestrina. 1525?-1594)는 100여 편의 미사곡과 300여 편의 무반주 다성 성악곡 모테트(Motet)를 작곡한 16세기 후기 르네상스 교회음악의 거장이다.

가장 영리한 일은 아닐지라도 가장 현명한 일이기는 하네. 사람들을 고양시키려면, 자기 자신이 고양되어 있지 않으면 안 된다네. 우리는 구름 위에서 노닐고, 무한한 것을 장황하게 이야기하며, 거창한 상징을 우리 주변에 두르세! 주르줌Sursum! 붐붐Bumbum! ─ 이 이상 더 좋은 충고는 없네. '부푼 가슴'이 우리의 논거이며, '아름다운 느낌'이 우리의 대변인이라네. 이러한 덕은 대위법에 맞서서도 그 정당성을 유지한다네. "우리를 개선시키는 자가 어떻게 그 자체로서 선하지 않을 수 있겠는가?"라고 인류는 항상 결론짓는다네. 그러니까 우리는 인류를 개선시키세! ─ 그럼으로써 사람들은 선해지네(그럼으로써 사람들은 스스로 '고전주의자'가 되네. ─ 실러는 '고전주의자'가 되었지 않은가). 감각기관을 저속하게 자극하려 애쓰고, 소위 아름다움을 얻으려 애쓰는 일은 이탈리아 사람들의 신경을 약화시켰네. 우리는 독일적으로 남아 있으세! 음악에 대한 모차르트의 태도조차도 ─ 바그너는 우리를 위로하기 위해 이 점을 말했었네! ─ 근본적으로는 경박한 것이었네… 우리는 음악이 '치유'에 도움이 된다는 것, 음악이 '기분을 명랑하게 한다'는 것, 음악이 '기쁨을 준다'는 것을 결코 인정하지 마세나. **우리는 절대로 기쁨을 만들지 마세!** ─ 사람들이 다시 예술을 쾌락주의적으로 생각하게 되면, 우리는 지는 것일세… 저급한 18세기가 바로 그러했다네… 덧붙여 말하면 그것에 대한 가장 좋은 충고는 한 봉지의 약이라네. ─ 실례를 무릅쓰고 말하자면 ─ **위선**이라네. 이것이 품위를 부여한다네.

— 그리고 어둡게 바라보고, 공공연하게 탄식하고, 그리스도교적으로 탄식하고, 거창한 그리스도교적 동정심을 보여 주어야 하는 적당한 때를 고르세. "인간은 타락했다. 누가 인간을 구원할 것인가? 무엇이 **인간을 구원할 것인가?**" — 우리는 대답하지 마세. 우리는 주의해야 하네. 우리는 종교를 창시하고자 하는 우리의 공명심과 싸우세. 그렇지만 **우리가** 인간을 구원한다는 것, **우리의** 음악만이 인간을 구원한다는 것을 어느 누구도 의심해서는 안 된다네… (바그너의 논문 「종교와 예술」에서).

## 7.

충분하다! 충분해! 나의 명랑한 화법이 불길한 현실을 너무나 적나라하게 다시 인식하게끔 한 것은 아닌가 두려울 정도이다. — 예술의 타락상과 더불어 예술가의 타락상을 말이다. 아마 후자의 것, 즉 예술가적 특성의 타락은 다음과 같은 공식으로 잠정적으로나마 표현될 수 있을 것이다. 음악가는 이제 배우가 되고, 그의 예술은 점점 더 **속이는** 재능으로 발전해 간다. 나는 (「예술생리학에 대하여」라는 제목을 달고 있는 나의 주저Hauptwerk의 한 장에서) 예술이 이렇게 전체적으로 연극배우적인 형태로 변하는 것은, 바그너에 의해 시작된 모든 예술의 개별적인 타락상이나 취약성과 마찬가지로, 확실히 생리적인 퇴화의 한 표현이라는 사실(더 정확히 말하면 히스테리의

한 형식이라는 점)을 좀 더 자세히 밝혀 줄 기회가 있을 것이다. 예컨대 사람들이 예술 앞에서 매 순간 입장을 바꿀 수밖에 없게 만드는, 그 예술이 가진 시야의 불안정성에 대해서 말이다. 사람들이 바그너에게서 단지 자연적인 놀이, 어떤 자의나 변덕, 우연 등만을 보게 된다면, 바그너에 대해서는 아무것도 이해하지 못한다. 바그너는 사람들이 말해 왔던 것처럼 '엉성한' 천재나 '실패한' 천재나 '모순에 가득 찬' 천재인 것은 아니다. 바그너는 어떤 **완벽한 자**이고 전형적인 데카당이다. 그에게는 모든 '자유의지'가 결여되어 있고 각각의 특성들은 필연성을 지니고 있다. 바그너에게 어떤 흥미로운 점이 있다면, 그것은 바로 논리이다. 이 논리를 통해 생리적 결함은 처치와 조치의 방식으로, 원칙의 혁신으로, 취향의 위기로 하나하나 결론을 내려 가며 단계적으로 나아가는 것이다.

나는 이번에는 **양식**Stil의 문제에만 머물러 보겠다. — 모든 **문학적** 데카당스의 특징은 무엇일까? 그것은 삶이 이제 더 이상 전체 속에 있지 않다는 것이다. 단어가 절대적인 권한을 갖고서 문장 속에서 튀어나온다. 문장은 겹쳐져 페이지의 의미를 흐려 버리고, 페이지는 전체를 희생시켜 가면서 자신의 생명을 획득한다. — 전체는 이제 더 이상 전체가 아니다. 그런데 이것은 데카당스 양식 전체에 대한 비유이다. 언제나 원자들의 무정부 상태, 의지의 분열, 도덕적으로 말하면 '개체의 자유'이다. — 정치이론으로까지 확장하면 '모든 것의 **동등한** 권리'이다. 삶이라는 것, 삶의 **동등한** 활력, 삶의 진동과 충만은 가장 작은 형태로 억압되고, 그 나머지의 것은 삶이 **빈곤하**다. 도처에 마비와 곤란과 경직, **또는** 적대와 혼돈이 있다. 이 두 가지의 경우가, 사람들이 점점 더 고차적인 형태의 조직에 이르면 이를수록, 점점 더 눈에 띄게 된다. 전체는 정말로 더 이상 살아 있지 않다. 전체란 모아진 것이고, 계산된 것이고, 인위적인 것이며, 인공물인 것이다. ㅡ

바그너에게 처음에 등장한 것은 환상Hallucination이었다. 음향에 의한 환상이 아니라 몸짓에 의한 환상이었다. 그것을 위해 그는 비로소 음향기호학을 연구한다. 그에 대해 경탄하고 싶다면, 여기서 그가 하고 있는 일을 보기만 하면 된다. 여기서 그가 어떻게 분절하고, 어떻게 작은 단위들을 얻어 내고, 어떻게 그것들에 활력을 불어넣어 강조하며 눈에 띄게 만드는지를 말이다. 그러나 그런 일을 하면서 바그너의 힘은 바닥이 난다. 그 나머지의 것들은 전혀 쓸모가 없다. 소재를 '전개하는' 그의 방식, 즉 서로 분리되지 않은 채 성장하는 것들을 최소한 뒤죽박죽 섞어 끼워 놓기라도 하려는 그의 시도는 얼마나 가련하고 당혹스러우며 아마추어적인가! 이럴 때의 그의 기교는 다른 점에서도 바그너의 양식과 유사한 공쿠르 형제[22]의

---

22  역주: 19세기 프랑스의 형제 소설가로서 형 에드몽(Edmond de Goncourt, 1822-1896)과 동생 쥘(Jules de Goncourt, 1830-1870)은 합작의 형태로 작품을 썼다. 주로 형이 작품을 구상하고 동생이 문체를 다듬었다. 이들은 인상주의적 문체를 창조했고, 대표작으로는 『샤를 두마이(Charles Demailly)』(1860), 『필로멘 자매(Soeur Philomène)』(1861), 『르네 모프랭(Renée Mauperin)』(1864) 등이 있다.

양식을 생각나게 한다. 사람들은 그 정도의 심각한 곤경에 대해서는 일종의 연민을 느낄 것이다. 조직적으로 구성하지 못하는 자신의 무능력을 어떤 원칙에 따른 것인 양 위장하는 것, 우리가 보기에는 단지 양식상의 무능력이 확고히 드러날 뿐인 곳에 어떤 하나의 '극적 양식'이라는 이름을 확고히 붙여 놓는 것, 이것은 바그너가 일생동안 지니고 다녔던 그의 대담한 습성과 일치한다. 그는 자신의 능력이 닿지 않는 곳에는 원칙을 세워 놓았다(— 덧붙여 말하면 이 점에서 그는 늙은 칸트와는 매우 다르다. 칸트는 전혀 **다른** 대담성을 사랑했다. 즉 칸트는 자신에게 원칙이 결여되었을 경우 그것을 대신해 '능력'을 인간 안에 전제했던 것이다…). 다시 한번 말하자면, 바그너는 다만 가장 작은 것을 발견해 낸 것에서는, 세부적인 것을 고안해 낸 것에서는 경탄받을 만하고 사랑받을 만하다. — 사람들이 이 점에서 그를 일급의 거장이라고, 우리 음악의 가장 위대한 **세밀화가**라고 단언하는 것은 그들의 입장에서는 매우 정당한 일이다. 그는 가장 작은 공간 속에 무한한 의미와 달콤함을 집어넣는다. 바그너는 색채에서, 반쪽의 그림자에서, 그리고 서서히 사라져 가는 빛의 비밀스러움에서 풍부함을 갖고 있다. 이 풍부함은 사람들에게 나쁜 습관을 들임으로써 나중에는 거의 모든 음악가들이 너무 거칠게 보일 정도이다. — 누군가 나를 믿고자 한다면, 오늘날 사람들이 바그너를 좋아하고 있는 점들로부터 그에 대한 최고의 개념을 이끌어 내서는 안 된다. 그것은 대중을 설득하기 위해 고안된 것이다. 우리 같은 사람들은 마치 지나치게 대담한 저질 프레스코화 앞에서처럼 이것 앞에서 뒤로 물러나 버린다.《탄호이저》서곡의 짜증나게 하는 잔인성이 **우리**와 무슨 상관이 있단 말인가? 또 〈발퀴레〉는? 극장과는 상관이 없을지라도 바그너의 음악에 의해 대중화된 모든 것은 의심스러운 취향을 가진 것이며, 취향을 망가트린다. 내가 보기에 《탄호이저》행진곡은 우직한 사람들을 위한 것이 아닌가 하는 의심이 든다.《방황하는 네덜란드인》의 서곡은 아무짝에도 쓸모없는 소음이다.《로엔그린》의 전주곡은 어떻게 음악으로 최면을 거는지에 대한 가장 적절한 예로, 너무나 위험하지만 너무나 성공적이다(— 나는 신경을 설득하는 것 그 이상의 다른 야심이라고는 없는 음악은 모두 좋아하지 않는다). 그리고 최면술사 바그너, 저질 프레스코화가 바그너는 차치하더라도 또 다른 바그너가 있다. 이는 자그마한 보석들을 모아 두는 바그너이다. 지금까지 그 누구도 앞서 갖지 못한, 그윽한 눈길과 부드러움과 위로의 말을 갖고 있는, 우리의 가장 위대한 음악의 우울증 환자 말이다. 침울하고 나른한 행복의 소리를 만들어 내는 거장 말이다… 바그너의 가장 내밀한 말들로 이루어진 사전은 다섯 박자에서 열다섯 박자 사이의 짤막한 것들로만 채워져 있고, **아무도 알지 못하**는 순수 음악으로 채워져 있다… 바그너는 데카당의 덕을 갖추고 있다. 즉 동정심 말이다. ———

# 8.

— "아주 좋다! 하지만 어떤 사람이 우연적으로 음악가가 된 것이 아니라면, 게다가 어떤 사람이 우연적으로 데카당이 된 것이 아니라면, 어떻게 이러한 데카당에 관한 자신의 취향을 잃어버릴 수 있겠는가?" — 그 반대다! 어떻게 해야 그렇게 되지 않을 수 있을까! 당신이 그것을 시도해 보라! — 당신은 바그너가 어떤 사람인지 모른다. 그는 아주 대단한 배우다! 극장에서 그보다 더 깊이, **더 무게감 있게** 영향을 미치는 사람이 도대체 또 있을까? 이 젊은이들을 한번 보라. — 움직이지 않고 창백하며 숨을 멈춘 듯한 모습의 젊은이들을 말이다! 이들은 바그너주의자들이다. 이들은 음악에 대해서는 아무것도 이해하지 못한다. — 그럼에도 불구하고 바그너는 그들을 지배한다… 바그너의 예술은 수백 가지의 분위기로 압박을 가한다. 당신은 허리를 굽힐 뿐이다. 사람들은 어쩔 도리가 없다… 배우 바그너는 독재자다. 그의 격정은 모든 취향과 모든 저항을 무너뜨려 버린다. — 누가 이러한 몸짓의 설득력을 갖고 있겠는가! 누가 그렇게 명료하게 몸짓을 파악하며, 누가 그렇게 제일 먼저 몸짓을 파악한단 말인가! 이러한 바그너의 격정은 숨을 멈추게 하고, 극한의 감정이 더 이상 사라지지 않길 원하며, 순간순간 사람들을 질식시킬 것 같은 상태를 두려울 정도로 **지속**시킨다! ――

바그너는 과연 음악가였을까? 확실히 그는 그 이상의 어떤 다른 존재였다. 말하자면 비할 바 없는 배우, 가장 위대한 연기자, 독일인이 소유했던 가장 경이로운 극장의 천재, 우리의 최고의 **연출가**였다. 그는 음악의 역사에 속해 있다기보다는 다른 분야에 속해 있다. 사람들은 진정한 위대한 음악가와 그를 혼동해서는 안 된다. 바그너와 베토벤 ─ 이것은 신성모독이다 ─ 그리고 이것은 결국 바그너에게도 부당한 것이다… 그는 음악가로서도 진정 그 자신일 뿐이었다. 그는 음악가가 **되었고**, 시인이 **되었다**. 왜냐하면 그의 내면에 있는 독재자, 그의 천재적인 배우 기질이 그를 그렇게 되도록 강요했기 때문이다. 사람들이 그 안에 있는 지배적인 본능을 알아차리지 못하는 한, 바그너에 대해서는 아무것도 알아낼 수 없다.

바그너는 천성적으로 음악가는 **아니었다**. 이 점은 그가 자신이 필요로 하는 것, 즉 무대 수사법, 표현 수단, 몸동작의 강화 수단, 암시 수단, 심리적으로 생생하게 만드는 수단을 음악으로부터 만들어 내기 위해 음악의 모든 법칙들, 좀 더 명확히 말하면 음악의 모든 양식을 포기했다는 데서 증명된다. 이 점에서 바그너는 일류의 고안자이자 혁신가로 간주되는 것이다. ─ **그는 음악의 언어적 능력을 무한대로 확장시켰다.** ─ 그는 언어로서의 음악에서는 빅토르 위고[23]이다. 음악이 경우에 따라서는 음악이 아니라 언어, 도구, 연극의 시

---

23 역주: 빅토르-마리 위고(Victor-Marie Hugo. 1802~1885)는 프랑스의 낭만파 시인이자 소설가이고 낭만주의 운동의 지도자로서 간주된다. 그의 대표작으로는 『노트르담 드 파리(Notre Dame de Paris)』(1831), 『레 미제라블(Les Misérables)』(1862) 등이 있다.

녀ancilla dramaturgica**일 수도 있다**는 점이 최우선으로 인정된다고 언제나 전제된다면 그렇다. 바그너의 음악은 극장 취향이라는 매우 관대한 취향에 의해 보호받지 **않는다면**, 그저 저급한 음악일 뿐이다. 지금까지 만들어진 것 중에서 가장 저급한 음악일 것이다. 어떤 음악가는 미처 셋을 세기도 전에 '극적으로dramatisch' 되어 버리고, '바그너적으로' 되어 버린다…

바그너는 해체된, 말하자면 **요소적으로** 된 음악이 어떤 마법을 발휘할 수 있는지를 대부분 발견해 냈다. 높은 법칙성, 즉 **양식**을 전혀 필요로 하지 않는 그의 본능과 마찬가지로, 그의 의식도 무시무시한 것이 되어 버렸다. 요소적인 것만으로도 **충분하다.** ― 음향, 운동, 색채, 짧게 말하면 음악이 주는 감각만으로도 충분하다. 어떤 음악가적 양심에서 보건대, 바그너는 절대 음악가로 간주될 수 없다. 그는 효과를 원하고, 효과 외에는 아무것도 원치 않는다. 그리고 그는 자신이 어디에서 효과를 발휘해야 하는지를 잘 알고 있다! ― 그는 이 점에 관해 아무런 주저함도 없다. 실러가 그러했고, 모든 배우적인 인간들이 그러하듯이 말이다. 그는 세계를 자기 발 아래 두고 세계를 경멸하기도 한다! … 사람들은 자신이 여타 다른 사람에 비해 하나의 통찰을 앞서 갖고 있다는 점을 통해 배우가 된다. 어떤 것이 진실로서 효과를 발휘해야 한다면, 그것은 진실이어서는 안 된다는 통찰 말이다. 이 명제는 탈마[24]에 의해 세워졌다. 이 명제는 배우의 심리학 전체를 내포하고 있으며 ― 우리는 이에 대해 의심하지 말자! ─ 배우의 도덕도 역시 내포하고 있다. 바그너의 음악은 한 번도 진실된 적이 없다.

　─ 그러나 **사람들은 그의 음악을 진실한 것으로 여긴다**. 그래서 그것은 그렇게 순조로운 것이다. ─

　사람들이 아직도 천진난만하고, 게다가 바그너주의자인 한, 심지어는 바그너를 음향의 나라에 사는 부자로, 전형적인 사치가로, 대토지 소유자로 생각할 것이다. 젊은 프랑스인들이 빅토르 위고에 대해 경탄하는 것처럼, 사람들은 바그너에 대해서도 그의 '제왕 같은 베풂' 때문에 경탄한다. 나중에는 그들 두 사람을 그 정반대의 이유로 경탄한다. 즉 경제성의 대가이자 모범이라는 이유로, **영리하게 손님을 치르는 주인이라는 이유로** 경탄하는 것이다. 검소한 비용으로 그럴듯하게 영주의 잔칫상을 차려 내는 데는 어느 누구도 이 두 사람을 따라갈 수 없다. ─ 신앙심이 깊은 위胃, Magen를 가진 바그너주의자들은 자신들의 기장이 요술을 부려 차려 준 식사에 포만감을 느낀다. 책에서나 음악에서 무엇보다도 **본질**을 요구하며, 단순히 '그럴듯하게 차려 낸' 잔칫상으로는 전혀 대접될 수 없는 우리 다른 부류의 사람들에게는 그것이 매우 기분 나쁘다. 쉽게 말하면, 바그너는 우리에게 씹어 먹을 것을 충분히 주지 않는다. 나는

---

24　역주: 탈마(François Joseph Talma, 1763-1826)는 프랑스의 배우로서 1787년 코메디프랑세즈 극단에서 활동했다. 1789년에 당통의 후원으로 독립 극단을 조직해 셰익스피어 비극을 상연했으며 연극의 사실성을 중요시했다.

그의 — 고기는 적고 뼈다귀는 많으며 국물은 아주 많은 — 레치타티보recitativo[25]를 '늙은 제노바 사람'이라고 이름 붙였다. 내가 이 이름으로 제노바 사람들을 기분 좋게 해주려 하는 것은 결코 아니다. 오히려 **낡아 버린** 서창, 메마른 서창의 기분을 좋게 해 주려 하는 것이다. 더욱이 바그너의 '라이트모티프'에 관해 말한다면, 이것을 표현하기에는 내 요리 지식이 부족할 정도이다. 사람들이 말하라고 재촉한다면, 나는 아마도 그것을 이상적인 이쑤시개라고 부를 것이다. 음식의 **찌꺼기**를 빼내는 기회라고 말이다. 이제 바그너의 '아리아arie'[26]가 남아 있다. — 그러나 더 이상 말하지 않겠다.

## 9.

바그너는 줄거리를 고안하는 데서도 뛰어난 배우이다. 그에게 가장 먼저 떠오르는 것은 절대적으로 확실한 효과를 내는 장면이다. 이것은 몸동작이 두드러지는 실제의 행위Actio[27], 즉 **놀라움을 주**

---

**25** 역주: 서창(敍唱). 오페라의 창법으로서, 아리아처럼 주인공의 감정 상태를 서정적인 노래로 표현하는 것이 아니라 대사를 말하듯이 노래하면서 주인공이 처한 상황이나 전체적인 이야기를 진행시키는 부분이다.

**26** 역주: 영창(詠唱). 오페라 등에서 주인공이 부르는 서정적이고 아름다운 독창곡이다. 서창이 대사를 노래로 표현하는 것인 데 반해, 아리아는 모든 음악적 표현수단을 구사하고 가수의 기량을 나타내는 것에 중점을 둔다.

**27** 연극(Drama)이라는 단어가 항상 '행위(Handlung)'라고 번역되는 것은 미학에서 진정한 불행이다. 이 점과 관련해서 바그너만 오류를 범한 것은 아니다. 전 세계가 그런 오류를 범하고

는 장면이다. — 바그너는 이것들에 대해 깊이 생각하고, 이것들로부터 비로소 등장인물의 성격을 고안한다. 나머지 전체는 여기서 추론되며, 그것도 섬세해야 할 이유가 전혀 없는 기술적 경제학을 따라서 말이다. 바그너가 조심해서 다루어야 할 관객은 코르네유[28]의 관객이 **아니다**. 그 관객은 단순히 19세기의 관객일 뿐이다. 오늘날의 모든 다른 배우가 그렇게 판단하듯이, 바그너는 '필수적인 한 가지'에 관해서 대략적으로 판단했던 것이다. 일련의 강력한 장면들, 다른 장면보다 더 강력한 일련의 장면들 — 그리고 그 장면들 사이에 들어가는 많은 **영리한** 단조로움에 관해서 말이다. 그는 자신의 작품의 효과를 우선적으로 자기 자신에게 보증하려 한다. 그는 제3막에서 시작한다. 그는 자신의 작품의 성공 여부를 그것의 최종 효과를 통해 자신에게 **입증**한다. 사람들이 극장에 대한 이런 식의 이해를 지침서로 가지고 있다면, 자기도 모르게 한 편의 드라

---

있다. 게다가 더 잘 알고 있어야 하는 문헌학자들까지도 그렇다. 고대의 연극은 거대한 '격정의 장면'을 주시했다. 그것은 행위를 배제했다(시작하기 전이나 또는 장면이 끝난 뒤에 행위를 배치했던 것이다). 연극(Drama)이라는 단어는 '도리아(Doria)'에서 유래했다. 그리고 도리아의 언어 사용에 따르면, 그것은 '사건(Ereignis)', '이야기(Geschichte)'를 뜻한다. 두 단어에는 성직자들이 사용하는 의미가 들어 있다. 가장 오래된 연극은 장소에 관한 전설을 표현했다. 즉 제식의 기초가 되는 '성스러운 이야기' 말이다(— 말하자면 행위가 아니라 사건이다. dran은 도리아 말로 '행위하다'가 결코 아니다).

28  역주: 코르네유(Pierre Corneille, 1606-1684)는 프랑스의 극시인으로서 고전 비극의 아버지로 불린다. 1635년에 최초의 비극 《메데이아(Médée)》를 발표했고, 대표작으로는 《르시드(Le Cid)》(1636), 《오라스(Horace)》(1640), 《시나(Cinna)》(1640), 《폴리외크트(Polyeucte)》(1643) 등이 있다. 라신(Jean Baptiste Racine, 1639-1699)과 함께 프랑스 고전극의 쌍벽으로 간주된다.

마를 지어내는 위험에 빠지지는 않을 것이다. 드라마는 **강한** 논리를 요구한다. 그러나 바그너에게 논리라는 것이 뭐 그리 중요하겠는가! 다시 한번 말하자면, 그가 조심해서 다루어야 할 관객은 코르네유의 관객이 아니다. 그저 단순한 독일인일 뿐이다! 사람들은 극작가가 어떤 기술적인 문제에서 자신의 혼신의 힘을 쏟고 종종 진땀을 빼는지를 알고 있다. 줄거리의 매듭뿐만 아니라 줄거리의 분리에도 **필연성**이 부여된다는 것, 그래서 이 둘은 단지 고유한 방식으로써만 존재 가능하고, 그렇게 자유의 인상을 만들어 낸다는 것에 대해서 말이다(힘의 최소 소비의 원칙). 그런데 바그너는 이런 일에 최소한의 노력을 기울일 뿐이다. 그가 매듭과 분리와 관련해 최소한의 힘만 쓴다는 것은 확실하다. 바그너의 '매듭' 중 하나를 현미경으로 들여다본다고 치자. ― 그러면 사람들은 웃지 않을 수 없다. 나는 이 점을 보장한다. 《트리스탄》의 줄거리에서 나타난 매듭보다 더 재미있는 것은 없다. 그렇다면 《명가수》의 줄거리의 매듭도 그렇다고 할 수 있다. 바그너는 극작가가 **아니다**. 속지 말아야 한다. 그는 '드라마'라는 용어를 사랑했다. 이것이 전부다. ― 그는 항상 아름다운 단어를 사랑했다. 그럼에도 불구하고 그의 글 속에 있는 '드라마'라는 단어는 오인되어 있을 뿐이다(― **그리고** 교활하게 사용되고 있다. 바그너는 항상 '오페라'라는 단어에 맞서 고상한 척했다―). 이는 대체로 『신약성서』에 나오는 '정신'이라는 단어가 오해되고 있는 것과 비슷하다. ― 그는 드라마로 향할 정도의 심리학자는 애당초 아니었다. 그는 본능적으로 심리적인 동기 설정을 회피했다. ─ 어떻게? 그는 그 자리에 항상 어떤 특이한 것을 집어넣었다… 아주 근대적이다. 그렇지 않은가? 아주 파리적이다! 아주 데카당스적이다! … 덧붙여 말하면 바그너가 실제로 극적인 고안에 의해 풀어낼 수 있는 줄거리의 **매듭**은 완전히 다른 종류의 것이다. 예를 하나 들어 보겠다. 바그너가 여성의 목소리를 필요로 했던 경우가 있다. 여성의 목소리가 전체적으로 전혀 **나오지 않는** 막$_{Akt}$ ─ 이런 것은 불가능하지 않은가! 그렇지만 '여주인공들'은 모두가 즉시 자유롭지 않은 상태이다. 바그너는 어떻게 하는가? 그는 세계에서 가장 늙은 여성인 에르다[29]를 해방시킨다. "일어나라, 늙은 할멈아! 당신이 노래를 불어야 하오!" 에르다는 노래한다. 바그너의 의도는 달성되었다. 이제 즉각 바그너는 이 늙은 여성을 다시 사라지게 한다. "당신은 도대체 왜 왔소? 물러가시오! 계속 단잠이나 좀 자시오!" ─ 요약하면, 신화적 전율로 가득 차 있는 장면이다. 바그너주의자들은 이 장면에서 무엇인가를 **예감**한다…

─ "하지만 바그너 텍스트의 **내용**! 그 신화적인 내용, 그 영원한 내용!" ─ 묻는다. 이 내용들을, 이 영원한 내용들을 검토하는 방법

---

29  역주: 대지의 여신 에르다(Erda)는 "신들에게 곧 파멸의 날이 닥칠 것"이라고 경고하고 보탄에게 반지를 포기할 것을 권한다. 보탄은 마지못해 반지를 황금더미 위로 던져 거인들에게 주게 된다. 한편, 나중에 보탄은 에르다를 소환하여 신들의 황혼을 늦출 수 있는 방법에 대해 묻는다.

은 무엇인가? ― 화학자는 대답한다. 바그너를 실재의 언어로, 근대의 언어로 번역해 보자! 우리가 좀 더 잔인해진다면, 시민의 언어로 번역해 보자! 그러면 바그너는 어떻게 되겠는가? ― 우리들 중에서 내가 그렇게 해 보았다. 바그너에 관해 그의 젊어진 모습에 빗대어 이야기하는 것보다 더 재미있고 산책길에 더 추천할 만한 이야깃거리는 없다. 예컨대 파르지팔을 고등학교 교육을 마친 신학 지망생으로 이야기하는 것 말이다(― 고등학교 교육은 **순진한 바보**가 되기 위해서는 필수적이다). 그러면 사람들은 얼마나 놀라운 경험을 하게 될까! 바그너의 여주인공들의 영웅적인 껍질을 벗겨 버리자마자 즉시 단 한 명도 빼놓지 않고 보바리 부인과 혼동될 정도로 비슷하게 보인다는 사실을 당신은 믿을 수 있겠는가! 거꾸로 플로베르[30]가 자신의 여주인공을 스칸디나비아 언어나 카르타고 언어로 번역한 후 그것을 신화화하여 바그너에게 교과서로 **자유롭게** 건네주었다고도 생각할 수 있다. 전체적으로 보면, 바그너는 오늘날 하찮은 파리의 데카당스가 흥미롭게 여기는 문제 이외에는 어떤 다른 문제도 흥미롭게 여기지 않는 듯하다. 바그너의 문제들은 병원에서 겨우 다섯 발자국 정도 떨어져 있는 문제들에 불과하다! 전적으로

---

30 역주: 플로베르(Gustave Flaubert, 1821-1880)는 19세기 후반의 프랑스를 대표하는 소설가 중한 사람이다. 그는 낭만주의적 경향 속에서도 개인과 사회에 대한 심리적 분석과 리얼리즘적 고찰을 작품으로 표현하려 했다. 대표작으로는 『보바리 부인(Madame Bovary)』(1857), 『살랑보(Salammbô)』(1862), 『감정교육(L'Education sentimentale)』(1869), 『성 앙투안의 유혹(La Tentation de saint Antoine)』(1874), 『세 개의 이야기(Trois Contes)』(1877) 등이 있다.

근대적이고, 전적으로 **대도시적**인 문제들에 지나지 않는다! 당신은 이 점을 의심해서는 안 된다! … (이것은 어떤 관념의 연상에 해당되는 말이지만) 당신은 바그너의 여주인공들이 아이를 낳지 않았다는 사실을 알고 있는가? — 그녀들은 그것을 **할 수** 없다… 지그프리트가 탄생되어야만 하는 문제에 도전하면서 가졌던 절망은 바그너가 이 점에서 **얼마나** 근대적인 감각을 소유하고 있었는지를 알아차리게 해 준다. — 지그프리트는 '여성을 해방시킨다.' — 그러나 그는 후손을 기대하지 않는다. — 결국 우리를 당황하게 만드는 사실이 있다. 파르지팔이 로엔그린의 아버지라는 것 말이다! 그는 어떻게 이것을 할 수 있었을까? — 여기서 "순결이 **기적**을 행한다"는 것을 상기해야 하는 것일까? …

바그너는 순결에 전권이 있다고 말했다Wagnerus dixit princeps in castitate auctoritas.

## 10.

바그너의 글들에 추가적으로 한마디 덧붙이겠다. 그의 글들은 무엇보다도 **교활**을 가르치는 학교이다. 바그너가 연주해 내는 계책의 체계는 다른 수백 가지의 경우에도 응용될 수 있다. — 귀를 가진 자는 들어 보라. 내가 그의 가장 유용한 세 가지 계책을 명확하게 표현할 수 있다면, 사람들에게 감사의 표시를 공공연하게 요구

해도 괜찮지 않나 생각한다.

바그너가 **할 수 없는** 모든 것은 비난받을 만하다.
바그너는 더 많은 것을 할 수 있을 것이다. 그러나 그는 그것을 원치 않는다. — 원칙의 엄격성 때문이다.
바그너가 **할 수 있는** 모든 것은 누구도 모방할 수 없고, 누구도 그보다 앞서 해내지 못했으며, 누구도 모방해서는 **안 된다…** 바그너는 신적göttlich이다…

이 세 가지 명제들은 바그너 문학의 정수이다. 그 나머지는 — 단순한 '문학'일 뿐이다.

— 지금까지 모든 음악이 문학을 필요로 했던 것은 아니다. 이 점에 관해 충분한 이유를 찾아보는 것은 잘하는 일이다. 바그너의 음악은 이해하기에 너무 어려운 것일까? 아니면 바그너가 그 반대의 것을 두려워한 것일까? 즉 사람들이 자신의 음악을 너무 쉽게 이해하는 것을 두려워한 것일까? — 사람들이 자신의 음악을 **어렵지 않게 충분히** 이해하는 것을 두려워했던 것일까? — 실제로 그는 일생 동안 하나의 명제만을 반복해 왔다. 자신의 음악은 단지 음악만을 의미하지는 않는다고 말이다! 음악보다 더 많은 것을 의미한다고! 음악보다 무한히 더 많은 것을 의미한다고 말이다! … "**단지 음악에 불과한 것이 아니다.**" — 어떤 음악가도 이렇게 말하지 않는다. 다시

한번 말하면 바그너는 전체를 창작할 수 없었다. 그는 선택의 여지가 없었던 것이다. 그는 불완전한 것을 만들 수밖에 없었다. '동기', 몸동작, 관용적 표현, 이중으로 중복된 표현, 백배로 과장된 표현 등, 그는 음악가로서 수사학자였다. — 그래서 그는 근본적으로 '그 의미는'이라는 말을 전면에 내세워**야만 했다.** "음악은 항상 수단에 지나지 않는다." 이것이 그의 이론이었다. 이것은 무엇보다도 그가 할 수 있었던 유일한 **실천**이었다. 그러나 그 어떤 음악가도 이렇게 생각하지는 않는다. — 바그너는 "자신의 음악이 무한한 것을 **의미하므로**" 자신의 음악을 진지하고 깊이 있게 받아들이라고 전 세계를 설득하기 위해 문학을 필요로 했던 것이다. 그는 일생 동안 '이념'의 해설가였다. — 엘자[31]는 무엇을 의미하는가? 의심의 여지가 없다. 엘자는 '**민중**의 무의식적인 **정신**'을 의미한다(— "이러한 통찰로 인해 나는 불가피하게 완전한 혁명가가 될 수밖에 없었다" —).

헤겔과 셸링이 사람들의 정신을 유혹하고 있던 시절에 바그너는 젊었다는 사실을 상기해 보자. 그가 알아차린 것, 그가 명백하게 파

---

31  역주: 엘자는 《로엔그린》의 여주인공이다. 엘자는 동생 고트프리트의 작위를 이어받기 위해 그를 죽였다는 의심을 받는다. 엘자는 자신의 무죄를 증명해 줄 기사가 텔라문트 백작과 싸워 이길 경우 무죄를 인정받을 수 있었다. 엘자는 자신을 지켜 줄 기사를 보내 달라고 신에게 간절한 기도를 올리는데, 드디어 기적이 일어났다. 백조의 인도를 받아 성에 도착한 배에는 신의 축복을 받은 기사 로엔그린이 타고 있었다. 마침내 로엔그린이 텔라문트 백작과의 결투에서 승리하고 엘자와 로엔그린은 결혼을 하게 된다. 하지만 엘자는 로엔그린의 이름을 물어서도 안 되고, 어디서 왔는지를 물어서도 안 된다는 결혼 조건을 지키지 못하고 궁금증 때문에 그에게 질문을 하게 된다. 이로써 로엔그린은 엘자를 떠나게 된다.

악한 것은 독일인들만이 진지하게 받아들였던 것이다. ― 그것은 바로 '이념'이다. 말하자면 그것은 어둡고 불명료하고 예감적인 어떤 것이다. 독일인들 사이에서 명료함은 이의제기를 뜻하고, 논리는 반박을 뜻한다. 쇼펜하우어는 엄격하게 헤겔과 셸링의 시대를 부정직한 시대라고 했다. ― 이는 엄격하기는 하지만 부당한 말이다. 쇼펜하우어 자신도 염세주의적 사기꾼으로서 자신에 비해 유명했던 그 시대의 인물들보다 어느 것 하나 '더 정직하게' 행하고자 노력하지 않았다. 우리는 도덕에 대해서는 일단 논외로 하자. 헤겔은 하나의 **취향**이었다! ― 그리고 독일적 취향이었을 뿐만 아니라 유럽적 취향이었다! 바그너는 이 취향을 파악했던 것이다! ― 그리고 바그너는 그것을 감당할 수 있다고 느꼈고 그것을 영원화했다! 바그너는 그것을 음악에 적용시켰을 뿐이다. ― 그는 '무한한 것을 의미하는' 하나의 양식을 고안해 냈다. ― 그는 **헤겔의 유산**이 되어 버렸다… '이념'으로서의 음악 말이다. ――

그런데 사람들은 바그너를 어떻게 이해하고 있는가! ― 헤겔에 열광했던 그러한 종류의 사람들은 오늘날 바그너에 열광한다. 게다가 사람들은 학교에서조차도 헤겔식으로 **글을 쓴다**! ― 독일의 젊은이들은 누구보다도 그를 이해했다. '무한한'과 '의미'라는 두 낱말로 이미 충분했다. 독일 젊은이들에게서 이 두 낱말은 비할 데 없이 서로 행복하게 잘 지냈다. 바그너가 젊은이들을 정복한 수단은 음악이 아니다. 그것은 '이념'이다. 이 젊은이들을 바그너로 향하게 했고 그들을 유혹했던 것은 그의 예술이 지닌 풍부한 수수께끼, 수백 가지 상징들 배후에 있는 예술의 숨바꼭질, 이상에 관한 예술의 다채로움이었다. 그것은 구름을 만드는 바그너의 천재성이며, 허공에서 움켜쥐고 배회하고 방황하는 능력이다. 그리고 그것은 어디에나 존재하면서도 어디에도 존재하지 않는 능력, 바로 바그너가 그 시대에 헤겔을 유혹하고 현혹했던 수단과 똑같은 것이다! — 바그너의 다양성과 충만함과 자의성 속에서 젊은이들은 마음속으로 자신이 정당화되었다고 — '구원되었다'고 느낀다. 그들은 바그너의 예술 안에서 **위대한 상징들**이 어떻게 안개 낀 먼 곳으로부터 부드러운 천둥소리를 울리는지를 전율하며 듣는다. 그들은 때때로 자신들의 마음속이 잿빛이 되고 소름 끼치고 서늘해져도 불쾌해하지 않는다. 그들은 모두가 하나같이 바그너 자신과 닮아 있지 않은가! 그들은 모두가 나쁜 날씨, 독일의 날씨와 **유사하지** 않은가! 보탄[32]은 그들의 신이다. 그런데 보탄은 나쁜 날씨의 신인 것이다… 독일 젊은이들이 일단 이런 식으로 된 것은 당연한 일이다. 우리 다른 사람들, 즉 **우리 알키오네**[33] **사람들**이 바그너에게서 아쉬워하는 것

---

32  역주: 보탄은 발할라에 거주하는 신들의 왕으로서, 그리스 신화에 비유하면 제우스에 해당한다. 보탄은 브륀힐데의 아버지이자 지그문트와 지글린데의 아버지이기도 하다. 보탄은 신들의 몰락이라는 운명의 수레바퀴를 멈출 수 없다.

33  역주: 알키오네(Halkyone)는 그리스 신화에 등장하는 테살리아의 왕 아이올로스(Aeolus)의 딸이자 트라키스의 왕 케익스(Ceyx)의 아내이다. 항해에 나선 남편 케익스가 이미 물에 빠져 죽은 줄도 모르고 매일같이 남편이 무사히 돌아오게 해 달라고 기도를 했다. 이를 불쌍히 여긴

을 그들이 어떻게 아쉬워할 수 있겠는가! — **즐거운 학문**la gaya scienza, 가벼운 발걸음, 재치와 불꽃과 기품, 위대한 논리, 별들의 춤, 과 감한 정신, 남쪽 빛의 전율, **평탄한** 바다를 말이다. — 완전성을 말 이다…

# 11.

— 나는 바그너가 어디에 속하는지를 설명했다. — 그는 음악의 역사에는 속하지 **않는다**. 그럼에도 불구하고 그가 음악사에서 갖는 의미는 무엇일까? 그것은 **음악에서의 배우의 등장**이라는 의미이다. 이것은 숙고하게 만들고 아마 공포감까지도 주는 중요한 사건이다. 공식화하면, '바그너와 리스트[34]'라고 하겠다. — 아직까지 이보다 더 위험하게 음악가의 성실성이, 그리고 음악가의 '진정성'이 시험 된 적은 없었다. 사람들은 명백히 알 것이다. 거대한 성공이나 대중 적인 성공은 이제 더 이상 진정한 음악가의 것이 아니라는 사실 말

헤라 여신이 꿈의 신 모르페우스(Morpheus)를 보내 꿈속에서 남편의 죽음을 알려 주자, 비탄 에 빠져 바다를 거닐다 높은 방파제로 올라가 몸을 던졌다. 알키오네를 가엾게 여긴 신들은 그녀를 물총새로 변하게 했다.

34 역주: 리스트(Ferencz Liszt. 1811-1886)는 헝가리의 피아노 연주자이자 작곡가로서 근대 피아 노 기법을 창시한 인물 중 하나이다. 그는 낭만주의 음악에서 교향시의 완성자로 간주된다. 후에 바그너의 부인이 된 코지마(Cosima)의 아버지이기도 하다. 대표작으로는 교향시 《마제 파(Mazeppa)》(1851), 교향곡 《파우스트(Faust)》(1854), 피아노와 관현악을 위한 《헝가리 환상곡 (Hungarian Fantasy)》(1852) 등이 있다.

이다. ― 그런 성공을 얻으려면 배우가 되지 않으면 안 된다! ― 빅
토르 위고와 리하르트 바그너 ― 이 두 사람은 동일한 것을 의미한
다. 즉 몰락하는 문화에서는, 대중의 손에 결정권이 주어져 있는 곳
에서는 어디서나 진정성은 불필요하고 해로우며 무시당한다. 오직
배우만이 **커다란** 열광을 불러일으킨다. ― 이로써 배우에게는 **황금
시대**가 도래한 것이다. ― 배우는 물론이고 배우 유형과 유사한 모
든 사람에게는 말이다. 바그너는 북과 피리를 울리면서 연주예술가
들, 공연예술가들, 대가다운 재능을 가진 자들 모두의 맨 앞에서 행
진을 한다. 그는 우선 지휘자들, 장치 담당자들, 극장 가수들을 설
득했다. 오케스트라 단원들도 잊어서는 안 된다. ― 바그너는 이 사
람들을 지루함에서 '구원해 냈다'… 바그너가 만들어 낸 운동은 심
지어는 인식 영역에까지도 확산된다. 모든 관련된 학문이 수백 년
전의 스콜라 철학으로부터 서서히 떠오른다. 예를 하나 들자면, 나
는 리듬학Rhythmik에 대한 **리만**[35]의 탁월한 공적을 강조하고 싶다. 리
만은 악절법Interpunktion의 기본 개념을 음악에도 통용시킨 첫 번째
사람이다(유감스럽게도 그는 적절하지 않은 단어를 사용했지만 말이다. 그
는 그것을 '프레이징Phrasirung'[36]이라고 불렀다). ― 나는 감사의 마음으로

---

35 역주: 리만(Hugo Riemann, 1849-1919)은 독일의 음악이론가이자 작곡가이다. 그는 음향학, 음
   악사, 피아노 악파에 관한 연구, 작곡론, 음악미학에 관한 폭넓은 저술을 남겼다. 그의 화성
   에 대한 저작들은 현대음악의 기초로 평가된다. 대표적인 저술로는 「리만 음악 사전(Riemann
   Musik-Lexikon)」(1882) 등이 있다.

말한다. 이들 모두는 바그너의 숭배자들 중 가장 나은 사람들이고 가장 존경받을 만한 사람들이라고 말이다. ─ 그들은 바그너를 숭배할 권리가 분명히 있다. 하나의 동일한 본능이 그들을 결속시킨다. 그들은 바그너에게서 자신들의 최고 유형을 본다. 바그너가 자신의 고유한 열정으로 그들을 매료시킨 이래로, 그들은 자신들이 권력으로, 심지어는 거대한 권력으로 변했다는 것을 느낀다. 만약 바그너의 영향이 **유익한** 곳이 있었다면, 그야말로 바로 여기에 있었다. 이 영역과 관련해서 아직까지 이만큼 많이 생각하고, 추구하고, 작업한 적은 한 번도 없었다. 바그너는 이 모든 예술가들에게 어떤 새로운 양심을 불어넣어 주었다. 그들은 현재 스스로에게 요구하는 것이나 스스로 **달성한** 것을 바그너 이전에는 전혀 스스로에게 요구하지 않았다. ─ 그들은 이 점에 있어서 예전에는 너무나도 겸손했던 것이다. 바그너의 정신이 극장을 지배하게 된 후부터는, 어떤 다른 정신이 극장을 지배하고 있다. 사람들은 가장 어려운 것을 요구하고 심하게 비난하며 거의 칭찬하지 않는다. ─ 선과 탁월성이 규칙으로 간주된다. 취향은 이제 더 이상 필요 없다. 목소리도 이제 더 이상 필요 없다. 사람들은 바그너를 단지 거친 목소리로만 노래 부른다. 이것은 '극적인' 효과를 낸다. 심지어는 재능마저 금지되어

---

36  역주: 프레이즈는 4소절(小節)이 되는 악곡의 단위로서 악구(樂句), 또는 소악절(小樂節)을 뜻하는데, 프레이징은 악곡의 템포 또는 리듬 그리고 악상에 따라 이러한 프레이즈를 만드는 것을 말한다.

있다. 바그너의 이상, 즉 데카당스의 이상이 요구하듯이, 어떤 대가를 치르더라도 표현을 풍부하게espressivo 한다는 것은 재능하고는 별로 어울리지 않는 법이다. 여기에는 어떤 **덕**만이 어울린다. ― 즉 훈련, 자동장치, '자기부정'이라는 덕 말이다. 취향도, 목소리도, 재능도 필요 없다. 바그너의 무대는 오직 하나만을 필요로 한다 ― **독일인만을!**… 독일인을 정의한다면, 복종과 성실lange Beine이다… 바그너의 등장과 '독일제국'의 등장이 시기적으로 일치한다는 것은 매우 깊은 의미를 지닌다. 이 두 가지 사태는 동일한 것을 입증한다. ― 복종과 성실을 입증한다. ― 이보다 더 복종을 잘하고 이보다 더 명령이 잘 이루어진 적은 없었다. 바그너 음악의 지휘자들은 후세 사람들이 언젠가는 조심스러운 경외심과 함께 **전쟁의 고전적 시대**라고 부르게 될 시대에 특히 가치 있는 사람들이다. 바그너는 명령하는 법을 알고 있었다. 그는 이 점 때문에 훌륭한 선생이기도 했다. 그는 자신에게 가혹한 의지의 명령을 내렸고, 자신에게 일생 동안 훈련의 명령을 내렸다. 바그너는 예술의 역사에서 볼 때 예술이 자신에게 폭행을 가한 사례들 중에서 가장 위대한 사례를 제시해 준다(― 그는 다른 점에서는 자신과 아주 유사한 알피에리[37]조차도 능가한다. 어떤 토리노인의 주석).

---

[37] 역주: 알피에리(Vittorio Alfieri, 1740-1803)는 이탈리아의 비극작가이자 계몽시인으로서 자유를 위한 투쟁과 승리, 자유로운 인간의 찬미 등을 자신의 비극 작품의 주제로 삼았다. 대표 작품으로는 《사울(Saul)》(1782), 《미르라(Mirra)》(1784-1787) 등이 있다.

# 12.

우리의 배우들이 그 어느 때보다 더 많이 존경받을 만한 가치가 있다는 통찰이 그들이 그만큼 덜 위험하다는 것을 의미하지는 않는다… 그런데 내가 무엇을 원하는지를 아직도 모르는 사람이 있는가? ― 내가 이번에 예술에 대한 나의 분노, 우려, 사랑 때문에 말했던 **세 가지 요구**들 말이다.

극장이 예술의 지배자가 되지 말 것.

배우가 진정한 예술가를 타락시키지 말 것.

음악이 기만하는 예술이 되지 말 것.

프리드리히 니체.

# 추신

　— 나는 이 자리를 빌어서 아직 발표되지 않은 논문에 있는 몇 가지 명제들을 말하고자 한다. 앞서의 마지막 말들의 진정성 때문이다. 이 명제들은 최소한 이 문제에 대한 나의 진정성을 의심하지 못하게 할 것이다. 그 논문은 〈바그너는 우리에게 어떤 대가를 치르게 하는가〉라는 제목을 달고 있다.

　바그너 추종자들은 비싼 대가를 치르고 있다. 이 점에 관한 막연한 느낌은 오늘날에도 여전히 존재하고 있다. 바그너의 성공도, 말하자면 그의 **승리**도 이 느낌을 뿌리째 뽑지는 못했다. 물론 일찍이 이 느낌은 강했고 무시무시했으며 음울한 증오감 같은 것이었다. — 바그너 생애의 거의 사분의 삼의 기간 동안 내내 말이다. 바그녀가 우리 독일인들로부터 받았던 저항은 충분히 평가되거나 충분히 존중받지 못했다. 사람들은 마치 질병에 맞서 저항하듯이 바그너에게 저항했다. — 근거를 갖고 한 것은 아니다. 사람들은 질병에 대해서는 논박하지 않는다. — 오히려 사람들은 심리적인 압박감, 불신감, 불쾌감, 역겨움 때문에 저항한다. 그리고 그 안에 어떤 커다란 위험이 도사리고 있을 것 같다는 막연한 진지함 때문에 저항한다. 독일 철학의 세 개의 학파 출신인 미학 선생들이 바그너의 원칙들에 대해 '가정'과 '근거'를 가지고 허무맹랑한 논쟁을 벌였을 때, 그들은 웃음거리가 되어 버렸다. — 바그너에게 무슨 원칙이 있단 말인가! 하물며 자신의 고유한 원칙이란 것이! — 독일인들 스스로는 이 문제와 관련해 모든 '가정'과 '근거'를 금지하는 분별력을 본능 속에 충분히 갖고 있다. 본능이 합리적인 것으로 되면 본능은 약화된다. 본능이 자신을 합리적으로 만들게 되면 그것은 자신을 약화시키는 일이 되기 때문이다. 유럽의 데카당스가 전반적인 현상임에도 불구하고, 어느 정도 수준의 건강이 있다면, 즉 해로운 것과 위험을 가져오는 것에 대한 본능적 후각이 독일인의 본성 안에 여전히 존재한다는 징조가 있다면, 내가 그중에서도 결코 과소평가하고 싶지 않은 것이 바그너에 대한 이러한 **둔탁한** 저항이다. 그 저항은 우리에게 명예를 부여하고, 우리가 희망하는 것조차 허락한다. 프랑스는 그렇게 많은 건강을 더 이상 소모하지 말았어야 했다. 역사상 **지체된 자**의 전형인 독일인은 오늘날 유럽에서 가장 뒤떨어진 문화 민족이다. 이것은 나름대로 장점을 가지고 있다. — 바로 이 때문에 독일인은 상대적으로 가장 **젊은** 민족인 것이다.

바그너 추종자들은 비싼 대가를 치르고 있다. 독일인은 얼마 전에야 비로소 바그너에 대한 일종의 공포에서 벗어났다. — **바그너로부터 벗어났다는** 기쁨이 기회가 생길 때마다 그들을 찾아왔다.[38] — 그런데 저 예전의 느낌이 전혀 예기치 않게 아주 최근에 다시 등장했던, 기묘했던 상황을 기억하는가? 그것은 바그너의 장례식에서 일어났다. 독일 최초의 바그너 협회 회원인 뮌헨 사람들은 그의 무덤에 화환 하나를 놓았다. 거기에 적혀 있던 **비문**은 곧 아주 유명해졌다. "구원자에게 구원을Erlösung dem Erlöser!"이라고 쓰여 있었던 것이다. 모든 사람들은 이 비문이 강하게 전달해 주고 있는 고귀한 영감Inspiration에 경탄했다. 그리고 바그너 추종자들이 우선적으로 누리고 있던 취향에 경탄했다. 그러나 많은 사람들이 (이것은 정말 아주 기이한 일이다!) 또한 그 비문에 자그마한 수정을 가했다.

---

38  도대체 바그너가 독일인이었던가? 이렇게 질문을 던지는 데는 몇 가지 이유가 있다. 그에게서 어떤 독일적인 특성을 찾기는 어렵다. 그는 훌륭한 습득자로서 독일적인 것을 많이 모방하는 법을 배웠다 — 이것이 전부다. 그의 본성 자체는 지금까지 독일적인 것으로 인정되어 왔던 것들에 **모순된다**. 독일 음악가들에게 모순되는 것은 말할 것도 없다! — 그의 아버지는 가이어(Geyer)라는 이름의 배우였다. 가이어란 성은 아들러(Adler)라는 성임이 거의 틀림없다… 지금까지 '바그너의 생애'로 통용되는 것은 그것이 나쁜 것은 아닐지라도 진부한 신화일 뿐이다. 나는 바그너 자신에 의해서만 입증된 사안들 모두에 대해서는 불신하고 있음을 밝혀둔다. 그는 자기 자신에 관한 그 어떤 사실에 대해서도 충분한 자부심을 갖고 있지 않았다. 그보다 더 자부심이 약한 사람은 아무도 없었다. 그도 빅토르 위고처럼 전기적 내용에서 자기 자신에게 충실했다. — 그는 시종일관 배우였다.

"구원자에 의한 구원을Erlösung vom Erlöser!"이라고 말이다. — 사람들
은 안도의 한숨을 내쉬었다. —

바그너 추종자들은 비싼 대가를 치르고 있다. 그들이 문화에 미
친 영향을 측정해 보자. 그들의 운동은 도대체 누구를 전면에 부각
시켰는가? 그들의 운동은 무엇을 점점 더 거대하게 키워 왔는가?
— 무엇보다도 문외한들과 예술을 모르는 백치들의 오만불손을 키
워 왔다. 그들은 이제 협회를 조직하고 자신들의 '취향'을 관철시키
려고 한다. 그들은 심지어는 음악과 음악가의 일에 심판관이 되고
싶어 한다. 두 번째, 예술에 기여하는 모든 엄격하고 고귀하며 양심
적인 교육에 관해 점점 더 강하게 무관심을 조장했다. 그러한 교육
의 자리를 천재에 대한 신앙이 차지해 버린다. 쉽게 말하면, 뻔뻔한
딜레탕티즘dilettantism³⁹이 차지하는 것이다(— 이에 대한 공식이 《명가
수》 속에 나온다). 세 번째, 그리고 가장 나쁘기도 한 것인데, 그것은
**연극주의**이다. — 즉 연극이 **우위**를 점한다고, 연극이 예술 전체를
**지배**할 권리가 있다고, 연극이 예술을 지배한다고 믿는 난센스를
키웠다… 그러나 사람들은 연극이 **무엇인지**를 바그너주의자들의 얼
굴에 대고 골백번 말해야 할 것이다. 연극은 언제나 예술의 **하위**에
있을 뿐이고, 언제나 부차적인 것이고, 거칠게 변한 것이고, 대중을

---

39  역주: 이탈리아어의 딜레타레(dilettare. 즐기다)에서 유래된 말로, 예술이나 학문을 수박 겉핥
기식으로 어설프게 취미로 즐기는 것을 뜻한다.

위해 적절하게 굽혀지고 위장된 것이라고 말이다! 바그너도 이 점과 관련해서 바꾸어 놓은 것은 하나도 없다. 바이로이트는 거대한 오페라극장이지만 **좋은** 오페라극장인 적은 한 번도 없었다… 연극은 취향 문제에서 일종의 대중 숭배의 형식이다. 연극은 일종의 대중 봉기이며, 좋은 취향에 **대항하는** 국민투표이다… **바그너의 경우가 바로 이 점을 증명하고 있다.** 그는 다수를 얻었다. ― 그러나 그는 취향을 망가뜨렸다. 그는 오페라 자체를 위해 우리의 취향을 망가뜨렸던 것이다! ―

바그너 추종자들은 비싼 대가를 치르고 있다. 그들은 정신을 어떻게 했는가? **바그너가 정신을 해방시키는가?** ― 바그너에게 독특한 것은 온갖 애매성, 온갖 이중의 의미, 그리고 사람들이 자기가 **무엇을 위해** 설득되었는지에 관해 아무것도 의식하지 못하게 하면서 어떤 불확실한 것을 설득하는 모든 일이다. 이로써 바그너는 거대한 양식Stil을 가진 유혹자인 것이다. 정신의 산물 중에서 지쳐 있는 것, 노쇠한 것, 삶에 위험한 것, 세계를 헐뜯는 것은 바그너의 예술에 의해 비밀리에 보호받고 있다. ― 그가 빛나는 이상의 장막 속에 감추고 있는 것은 가장 비열한 반계몽주의이다. 그는 모든 허무적인(―불교적인) 본능에 아첨하고, 이 본능을 음악으로 위장한다. 그는 모든 그리스도교의 정신에, 모든 데카당스의 종교적 표현 형식에 아첨한다. 귀 기울여 들어 보라. 황폐한 삶의 토양 위에 자라난 모든 것, 초월과 피안과 같은 날조된 모든 것은 바그너의 예술에서 가장 고상한 대변사를 얻는다. — 어떤 일정한 형식에 의해서는 아니다. 바그너는 형식들을 사용하기에는 너무나 교활하다. — 오히려 감성을 설득한다. 감성의 설득은 정신을 다시 허약하고 지치게 만든다. 키르케[40]로서의 음악… 이런 관점에서 바그너의 마지막 작품은 그의 최고 걸작이라 할 것이다. 《파르지팔》은 유혹의 예술이라는 점에서 영원히 자신의 우위를 유지할 것이다. 유혹의 **천재적 행위**로서 말이다… 나는 이 작품에 경탄한다. 나 자신이 그것을 만들었었다면 좋았을 것이라고 생각한다. 그런 재능이 없기에 **나는 그 작품을 이해하는 것이다**… 바그너는 말년에 가장 풍부한 영감을 가지고 있었다. 아름다움과 병을 결합시키는 섬세함의 정도는 그의 초기 작품들을 그림자로 가려 버릴 정도이다. — 이 작품들은 너무나 밝고 너무 건강해 보인다. 이 점을 이해하겠는가? 그림자로 작용하는 건강과 밝음을? 거의 항변으로 작용하는 것을? … 그 정도로 우리는 이미 **순진한 바보들**이 되어 있다… 숨 막히는 성적자적인 향기를 사용하는 데 그보다 더 뛰어난 대가는 없었다. — 온갖 **사소하게** 무한한 것, 온갖 두렵고 극단적인 것, 행복의 방언 사전에 나오는 온갖 종류의 페미니즘에 대해 그만큼 정통한 자는 없었다! — 나의 친구들이여, 이 예술의 마법이라는 약을 마셔 보기만

---

40  역주: 키르케(Circe)는 태양의 신 헬리오스의 딸로 인간을 동물로 바꾸는 마법을 부린다. 그리스 신화에서 마녀의 대명사 중 하나로 간주된다.

하면 된다! 그대들은 그대들의 정신을 마비시키고, 그대들의 남성다움을 장미의 숲 아래에서 잊게 하는 데 이보다 더 좋은 방법을 어디서도 발견하지 못할 것이다… 아, 이 늙은 마술사! 이 클링조르 중의 클링조르[41]! 어떻게 그가 그런 수단을 가지고 우리에게 싸움을 걸 수 있는지! 우리, 자유의 정신들에게! 어떻게 그가 마술 소녀의 목소리로 근대 영혼의 온갖 비겁함을 순순히 따라 말하고 있는지! — **인식**에 대한 그러한 **증오**는 일찍이 없었다! 사람들은 이것에 유혹당하지 않기 위해서는 견유주의자가 되어야 한다. 이것을 숭배하지 않기 위해서는 물어뜯을 줄 알아야 한다. 자! 늙은 유혹자여! 견유주의자가 네게 경고한다 — 개를 조심하라고…

바그너 추종자들은 비싼 대가를 치르고 있다. 나는 오랫동안 바그너라는 전염병에 방치되어 있던 젊은이들을 관찰했다. 그 첫 번째의 비교적 책임이 덜한 영향은 취향의 '타락'이다. 바그너는 지속적인 알코올의 사용과 같은 영향을 끼쳤다. 그는 무감각하게 만들고, 위를 점액으로 막히게 한다. 특별한 영향은 리듬 감각의 퇴화이다. 내가 그리스식 속담을 빌어서 "늪 속에서 움직인다"라고 말했던 것을 바그너주의자는 끝내 리드미컬하다고 말했다. 훨씬 더 위험한 것은 개념의 타락이다. 젊은이는 기형아가 되어 버린다. — 그

---

41  역주: 클링조르는 《파르지팔》에 등장하는 사악한 마법사로서 성배를 지키는 수호자들의 숙적이다. 그는 십자가에 매달린 예수를 찔렀던 성창(聖槍)을 가지고 있고, 쿤드리에게 파르지팔을 유혹하여 파멸시키라는 명령을 내린다.

는 '이상주의자'가 되어 버린다. 그는 학문을 초월해 있다. 이 지점에서 그는 거장의 높이에 있는 것이다. 그.반면에 그는 철학자 흉내를 낸다. 그는 『바이로이트 블래터Bayreuther Blätter』[42]를 펴낸다. 그는 모든 문제를 아버지의 이름으로, 아들의 이름으로, 그리고 성스러운 거장의 이름으로 해결한다. 물론 가장 섬뜩한 위험은 신경의 타락이다. 밤에 대도시 한가운데를 거닐어 보라. 어디에서나 축제적 열광 속에서 악기들이 성폭행당하는 소리가 들려온다. — 거친 고함소리가 그 사이에 섞여 있다. 거기서 무슨 일이 일어나고 있는가? — 젊은이들이 바그너를 숭배하고 있다… 바이로이트는 냉수치료원Kaltwasserheilanstalt과 운을 맞추려 한다reimen. — 바이로이트로부터의 전형적인 전보Telegramm는 **이미 회개했노라**이다. — 바그너는 젊은이들에게는 해롭다. 여성에게는 재앙을 가져다준다. 의학적으로 물어 보자. 여성 바그너주의자는 무엇일까? — 내가 생각하기로는, 의사는 젊은 여성들에게 이것 **아니면** 다른 것이라는, 이러한 양심의 선택 기회를 어렵지 않게 부여해 줄 것이다. — 그렇지만 그녀들은 이미 선택을 해 버렸다. 만일 그 하나가 바그너라고 한다면, 그녀들은 두 명의 주인을 섬길 수 없다. 바그너는 여성을 구원한다. 이에 대한 답례로 여성은 그에게 바이로이트를 지어 주었

---

42  역주: 편집자 한스 폰 볼초겐(Hans von Wolzogen, 1848-1938)이 바그너의 오페라를 상영하는 바이로이트 극장 방문객을 위해 1878년 창간한 월간 잡지이다. 이 잡지는 볼초겐이 사망한 1938년까지 계속 간행되었다.

다. 완전한 희생이고, 완전한 헌신이다. 바그너에게 주지 못할 것은 아무것도 없다. 여성은 거장 덕택에 황폐해진다. 여성은 눈물을 흘리면서 바그너 앞에서 벌거벗은 채 서 있다. ― 여성 바그너주의자들 ― 오늘날 존재하는 가장 우아한 이중의 의미이다. 그녀들은 바그너적인 것의 **화신**이다. ― 그녀들의 표현에서 바그너적인 것이 **승리한다**… 아, 이 늙은 도적! 그는 우리에게서 젊은이들을 납치해 가고, 심지어는 우리의 나이 든 여성들까지 납치하여 자기 동굴로 끌어가 버린다… 아, 이 늙은 미노타우로스! 그는 우리에게 얼마나 많은 손실을 입혀 왔는가! 매년 사람들은 가장 아름다운 처녀와 청년의 행렬을 그의 미궁 속으로 이끌고 가서 그가 그들을 잡아먹게 만든다. ― 매년 유럽 전체가 '크레타 섬으로! 크레타 섬으로!'라는 노래를 부르는 것이다…

# 두 번째 추신

　— 내 편지가 오해받을 처지에 놓여 있는 것 같다. 어떤 사람은
감사의 표정을 짓기도 한다. 심지어 나는 겸손한 환호성조차 듣는
다. 나는 다른 모든 점에서도 그렇지만 이 편지에서도 이해받고 싶
다. — 그런데 독일 정신의 과수원에 새로운 짐승 하나가, 즉 그 유
명한 제국의 벌레 리노크세라[43]가 살기 시작한 이래, 나의 말은 이제
더 이상 한마디도 이해받지 못하고 있다. 『문예중앙신문Litterarisches

---

43　역주: 리노크세라(Rhinoxera)는 니체가 만든 신조어로서 리노제로스(Rhinozeros)와 필록세라
　　(Phylloxera)의 합성어이다. 리노제로스는 코뿔소를 뜻하고, 필록세라는 포도에 자생하는 진딧
　　물의 일종으로 포도 뿌리를 병들게 만들어 포도밭을 황폐화시키는 벌레를 뜻한다.

Centralblatt』은 말할 것도 없고, 『크로이츠 차이퉁Kreuzzeitung』[44]이 몸소 이 점을 내게 확인시켜 준다. ― 나는 독일인에게 그들이 가지고 있는 책 중에서 가장 깊이 있는 책을 선사했다. ― 독일인이 그 책을 한 마디도 이해하지 못하는 데는 충분한 이유가 있다… 내가 이 글에서 바그너와 싸움을 벌일 때 ― 더불어 독일적 '취향'과 싸움을 벌일 때 ― 내가 바이로이트의 백치병에 관해 신랄하게 말할 때, 나는 어떤 **다른** 음악가들과 축제를 열려는 것은 결코 아니었다. **다른** 음악가들은 바그너에 대한 비교 대상으로 고려되지 않는다. 전체 상황은 전반적으로 심각하다. 몰락이 일반적이다. 병이 깊게 들어 있다. 베르니니[45]가 조각술을 몰락시킨 이름이듯이, 바그너가 **음악을 몰락시킨** 이름이라고 하더라도, 그가 음악 몰락의 근원은 아니다. 그는 단지 그 속도를 가속화시켰을 뿐이다. ― 물론 사람들을 놀라게 해 거의 불현듯이 아래쪽 심연을 향해 서 있게 하는 방법을 통해서 말이다. 그는 데카당스의 단순성을 갖고 있었다. 이것이 그의 탁월한 점이었다. 그는 데카당스를 믿었고, 데카당스의 어떤 논리 앞에서도 머물러 있지 않았다. 다른 사람들은 우물쭈물한다. ― 이것이 그

---

**44** 역주: 1848년부터 베를린에서 창간된, 매우 보수적인 성향의 『신프로이센 신문(Neue Preußische Zeitung)』을 뜻한다. 이 신문의 제목 부분에 있는 십자가(Kreuz)의 상징 때문에 '크로이츠 차이퉁'이라고 불렸다.

**45** 역주: 베르니니(Gian Lorenzo Bernini, 1598-1680)는 이탈리아의 바로크 시대의 건축가이자 조각가, 화가이다.

들과 그의 차이점이다. 이 외에는 차이점이 없다! ⋯ 바그너와 '다른 음악가들' 사이의 공통점은 ― 내가 그것을 열거한다면, 조직력의 쇠퇴, 목적에 대한 **정당화** 능력은 없으면서도 전승된 수단을 오용하는 것, 오늘날 그 어느 누구도 위대한 형식과 관련해 충분히 강하지도 자랑스러워하지도 당당하지도 건강하지도 않지만 그러한 위대한 형식을 화폐위조하듯이 모방하는 것, 극히 하찮은 것에서의 과도한 활기, 어떤 대가를 치르더라도 격정, **빈곤해진** 삶의 표현으로서의 세련미, 근육을 대신하는 신경의 강조 등이다. ― 나는 오늘날 한 편의 서곡을 **전체적으로 조화롭게** 만들 수 있는 음악가를 단 한 명 알고 있다. 그런데 아무도 그를 모른다⋯ 오늘날 유명한 음악가는 바그너보다 '더 좋은' 음악이 아니라 단지 더 모호하고 더 흥미가 없는 음악을 만들고 있을 뿐이다. ― 더 흥미가 없는 이유는 **전체가 존재함으로** 절반은 별 쓸모가 없기 때문이다. 바로 바그너가 전체였다. 그러나 바그너는 전체적으로 타락했다. 바그너는 타락 속에 있는 용기이고 의지이고 **신념**이었다. ― 요하네스 브람스[46]는 또 어떤 의미가 있는가!⋯ 그에 대한 독일의 오해가 그에게 행운을 가져다주었던 것이다. 사람들은 그를 바그너의 적수Antagonist로 생각했다. ― 사람들은 한 사람의 적수가 **필요했다!** ― 그런데 이런 것이 **필연적인** 음

---

**46** 역주: 브람스(Johannes Brahms, 1833-1897)는 독일의 작곡가로서 낭만주의 시대의 고전주의자로 불린다. 그는 고전주의 시대의 형식과 질서를 자신의 작품 속에서 구현하려 했고, 고전주의 시대를 음악적 이상으로 삼은 낭만주의 작곡가라고 할 수 있다.

악을 만드는 것은 아니다. 이런 것은 무엇보다도 지나치게 많은 음악을 만든다! — 사람들은 자신이 부유하지 않으면, 자신의 곤궁을 자랑 삼기 마련이다!… 브람스가 이론의 여지없이 도처에서 일으켰던 공감은, 이러한 당파적 이해와 당파적 오해를 고려하지 않았을 때는, 내게는 오랫동안 수수께끼 같은 현상이었다. 마침내 나는 거의 우연히 그가 특정한 유형의 인간들에게 영향을 미친다는 사실을 발견하게 되었다. 브람스는 무기력에서 기인하는 우수Melancholie를 지녔다. 그는 충만하기 때문에 창작하는 것이 아니다. 그는 충만을 **갈망한다**. 그가 모방한 것을 제거해 버리면, 그가 위대한 예전의 양식이나 이국적인 근대의 양식에서 빌려온 것을 — 그는 모방의 대가이다 — 제거해 버리면, 그의 고유한 것으로는 **동경**Sehnsucht만이 남는다… 온갖 종류의 동경하는 자나 만족하지 못하는 자는 이 점을 알아차린다. 브람스는 너무 개성이 없고 너무 중심이 없다… '개성이 없는 자'나 주변부에 있는 자는 이 점을 알고 있다. — 그들은 이러한 이유로 브람스를 사랑하는 것이다. 특히 그는 일종의 불만족스러워하는 여성을 위한 음악가이다. 이들에게서 오십 보쯤 더 나아가면, — 브람스를 지나서 오십 보쯤 더 나아가면 바그너를 만나게 되는 것과 마찬가지로 — 여성 바그너주의자를 만나게 된다. 좀 더 특색 있고 좀 더 흥미로우며 무엇보다도 **좀 더 기품 있는** 유형인 여성 바그너주의자를 만나게 된다는 말이다. 브람스는 은밀히 도취해 있거나 자기 자신에 대해 비탄에 젖을 때 감동적이다. — 이 점에서 그는 '근대적'이다. ― 그는 고전주의자의 유산을 **물려받게** 되면 그 즉시 차가워지고 더 이상 우리의 관심을 끌지 못한다… 사람들은 브람스를 베토벤의 **상속자**라고 즐겨 부른다. 나는 이보다 더 조심스러운 미화법을 알지 못한다. ― 오늘날 음악의 영역에서 '위대한 양식'을 요구하는 모든 것은 이로써 우리를 속이거나 아니면 자신을 속이거나 **둘 중의 하나**이다. 이러한 양자택일의 문제는 충분히 깊이 생각해 볼 일이다. 왜냐하면 이것은 두 가지 경우의 가치에 관한 결의론Casuistik을 포함하고 있기 때문이다. '우리를 속이는 것', 이에 대해서는 대다수 사람들의 본능이 저항한다. ― 그리고 그들은 속임을 당하고 싶어 하지 않는다. ― 물론 나 자신은 언제나 이 유형을 다른 유형('자기 자신을 속이는 것')보다 더 선호할 것이다. 이것이 내 취향이다. ― '정신이 빈곤한 자'를 위해 좀 더 쉽게 표현하자면, 브람스 **아니면** 바그너이다… 브람스는 배우가 **아니다**. ― **배우가 아닌 다른** 음악가들 중 많은 수가 브람스라는 개념 아래 포섭될 수 있다. ― 나는 이를테면 골드마르크[47]와 같은 바그너의 영리한 원숭이에 대해서는 한 마디도 하지 않겠다. 사람들은 그의 《시바의 여왕》에 의해 동물원의 일부가 된다. ― 사람들은 자신을 구경거리로 만

---

47  역주: 골드마르크(Karl Goldmark, 1830-1915)는 헝가리 출신이지만 빈에서 대부분 활동을 하였기 때문에 오스트리아의 작곡가로 간주된다. 골드마르크는 브람스와 친구 사이였고 바그너와는 단지 한 번(1860) 만났다고 한다. 그는 유대인이지만 빈에서 '바그너 협회'를 창립할 만큼 바그너의 숭배자였다. 대표작으로는 《시바의 여왕(Die Königin von Saba)》(1875)이 있다.

들 수 있다. — 오늘날 훌륭하게 만들어질 수 있고 탁월하게 만들어질 수 있는 것은 오로지 하찮은 것들뿐이다. 이런 것에서만 성실성이 가능하다. — 그리고 본질적으로 그 어떤 것도 중요한 핵심 문제로부터, 즉 생리적 모순의 표현으로 존재하는 숙명으로부터 — **근대적으로** 존재하는 숙명으로부터 음악을 구원할 수는 없다. 최고의 교육, 가장 성실한 훈련, 근본적인 친밀성, 그야말로 늙은 대가들의 사회와의 단절조차도 — 이 모든 것은 미봉책에 불과하고 더 엄밀히 말하자면 **헛된 것**에 지나지 않는다. 왜냐하면 사람들은 이제 더 이상 그것들을 받아들일 만한 전제 조건을 갖추고 있지 않기 때문이다. 그것이 헨델 같은 강한 종족이나 로시니[48] 같은 야수성 넘치는 종족이 아니라면 말이다. — 각자가 모두 자신의 스승을 가질 **권리**가 있는 것은 아니다. 이것은 모든 시대에 유효하다. — 비교적 강한 종족이나 전형적으로 반시대적인 인간의 **잔여**가 유럽 어딘가에 여전히 남아 있을 가능성이 완전히 배제되지는 않는다. 이 사람들에게서 음악에서의 **뒤늦은** 아름다움과 완전성을 기대해 볼 수 있을지도 모른다. 우리가 앞으로 체험할 수 있는 것은 기껏해야 예외적인 현상일 것이다. 타락이 절정에 있고 타락이 숙명적인 **일반적 현상**으로부터는 어떤 신도 음악을 구원하지 못한다. —

---

48  역주: 로시니(Gioacchino Antonio Rossini, 1792-1868)는 이탈리아 오페라의 전통을 계승하고 발전시킨 이탈리아 고전 가극의 최후의 작곡가로 간주된다. 대표작으로는 《세비야의 이발사(The Barber of Seville)》(1816), 《오셀로(Otello)》(1816), 《빌헬름 텔(Wilhelm Tell)》(1829) 등이 있다.

# 후기

　— 마침내 숨을 돌리기 위해, **개인**의 가치에 관한 저마다의 물음이 정신을 배격하는 그런 답답한 세계에서 잠시 빠져나가 보자. 한 철학자는 매우 오랫동안 '바그너의 경우'를 다루고 난 후 손을 씻고 싶은 욕구를 느낀다. — 나는 **근대**에 대한 내 생각을 제시하겠다. — 모든 시대는 자신이 가진 힘의 정도에 따라 어떤 덕이 자신의 시대에 허용되고, 어떤 덕이 금지되는지에 대한 척도를 갖고 있다. 한 시대가 **상승하는** 삶의 덕을 갖고 있다면 그 시대는 가장 근본적인 이유를 갖고서 하강하는 삶의 덕에 맞서 저항한다. 그렇지 않고 한 시대가 하강하는 삶 그 자체라고 한다면 그 시대는 하강하는 덕을 필요로 하고, 충만함이나 넘치는 힘으로부터만 정당화되는 모

든 것에 맞서 증오심을 갖는다. 미학은 이러한 생물학적 전제들과 분리 불가능하게 결합되어 있다. 그래서 데카당스 미학이 있고, 고전주의 미학이 있는 것이다. — '미 그 자체'라는 것은 이상주의 전체가 그렇듯이 망상에 지나지 않는다. — 이른바 도덕적 가치라는 좀 더 협소한 영역에서는 **주인도덕**과 **그리스도교적** 가치 개념의 도덕 사이에서 나타나는 대립보다 더 큰 대립은 발견되지 않는다. 후자는 완전하게 병든 토양에서 자라난 것이다(— 복음서는 도스토옙스키의 소설들이 그려 내는 생리적 유형과 똑같은 유형을 우리에게 제시해 준다). 반대로 주인도덕('로마적', '이교도적', '고전적', '르네상스')은 성공함 <small>Wohlgerathenheit</small>을 표현하는 언어, **상승**하는 삶을 표현하는 언어, 삶의 원리로서의 힘에의 의지를 표현하는 언어이다. 그리스도교 도덕이 본능적으로 **부정**하는 것과 똑같이('신', '피안', '탈아' 등은 오직 부정일 뿐이다), 주인도덕은 본능적으로 **긍정**한다. 주인도덕은 자신의 충만함을 사물들에게 발산한다. — 주인도덕은 세계를 신성화하고 미화하며 **합리적으로** 만든다. 그리스도교 도덕은 사물의 가치를 빈곤하고 창백하고 추하게 만들고 세계를 **부정한다**. '세계'라는 것은 그리스도교에서는 욕지거리이다. — 이 두 개의 형식은 가치의 관점에서 보면 대립하고 있지만, **둘** 다 필요한 것이다. 사람들이 근거를 대면서 논박을 한다 해도 극복할 수 없는 유형의 것들이 있다. 사람들은 그리스도교를 논박하지 않는다. 사람들은 눈병을 논박하지 않는다. 사람들이 어떤 철학에 싸움을 걸듯이 염세주의에 싸움을 거는 것은 바보 같은 학사들이 하는 행위의 정점이다. 내가 보기에는, '참'과 '거짓'이라는 개념은 특정한 관점에서는 아무 의미도 없는 것 같다. — 사람들이 다만 거부해야 할 것은 이러한 대립 상태를 대립 상태로 보지 않기를 **바라는** 오류, 즉 본능적인 표리부동함이다. 예를 든다면 그런 오류를 범하는 데 적지 않은 노련미를 보였던 바그너의 의지를 들 수 있다. 주인도덕, 즉 고귀한 도덕을 곁눈질하면서(— 아이슬란드의 전설이 거의 그 도덕의 가장 중요한 원천일 것이다 —), '비천한 자의 복음'이나 구원의 **필요성**과 같은 정반대의 가르침을 입에 올리다니!… 덧붙여 말하면, 나는 바이로이트로 가는 그리스도교인들의 겸손함에 경탄한다. 만약 나라면 바그너의 입에서 나오는 특정한 말들을 견뎌 내지 못했을 것이다. 바이로이트에 속하지 **않는** 몇 가지 개념들이 있는 것이다… 어떤가? 하나의 그리스도교가 여성 바그너주의자들을 위해, 그리고 아마도 여성 바그너주의자들에 의해 고안된 것이라고 한다면? — 왜냐하면 바그너는 노년에 전적으로 여성적이었기 때문이다. 다시 한번 말하지만, 오늘날의 그리스도교인들은 내가 보기에는 지나치게 겸손해 보인다… 바그너가 그리스도교인이었다면, 리스트는 아마 교부였을 것이다! — **구원**에의 욕구라는 모든 그리스도교적인 욕구에 대한 총괄 개념은 이러한 어릿광대들과는 아무런 상관이 없다. 그리스도교는 데카당스의 가장 솔직한 표현 형식이다. 그리스도교는 데카당스의 세련된 상징과 실천 속에서 가장 신념에 차 있으면서도 가장 고통스럽게 데카당스를 긍정한다. 그리스도교인은 자기 자신으로부터 **해방되기를** 원한다. 자아는 항상 가증스러운 것이다. ─ 그 반대로 고귀한 도덕, 즉 주인도덕은 **자기 자신**에 대한 의기양양한 긍정에 뿌리를 두고 있다. ─ 주인도덕은 삶의 자기긍정, 삶의 자기찬양이며, 마찬가지로 세련된 상징과 실천을 필요로 한다. "그것은 그것의 마음이 너무나도 충만해 있기 때문이다." 모든 **아름다운** 예술과 모든 **위대한** 예술은 바로 여기에 속한다. 이 두 가지 예술의 본질은 감사하는 마음이다. 한편 우리는 이러한 예술에서 데카당스에 **맞서는** 본능적 반감이나 데카당스의 상징적 표현에 대한 조소와 혐오를 간과해서는 안 된다. 이러한 것이야말로 그 예술의 본질을 거의 증명해 주는 것이다. 고귀한 로마인은 그리스도교를 혐오스러운 미신으로 여겼다. 나는 고귀한 취향을 지녔던 최후의 독일인인 괴테가 십자가를 어떻게 받아들였는지를 생각한다. 이보다 더 가치 있고, 이보다 **더 필연적인** 대립을 찾으려 한다면 그것은 헛된 일일 것이다…[49]

　─ 그러나 바이로이트 사람이 하고 있는 그런 오류가 오늘날에

---

49　우선 나의 『도덕의 계보학』이 '**고귀한 도덕**'과 '그리스도교 도덕' 사이의 대립을 가르치고 있다. 종교적 인식과 도덕적 인식의 역사에서 아마 이보다 더 결정적인 전환은 없을 것이다. 이 책은 내게 속하는 것이 무엇인지를 가늠해 주는 시금석이고, 이 책은 가장 깊이 생각하는, 가장 엄격한 정신들에게만 접근이 허용되는 행운을 누리고 있다. **나머지 사람들**은 이 책을 들을 만한 귀가 없다. 사람들은 어느 누구도 오늘날 열정을 갖고 있지 못한 것들에서 열정을 가져야 한다….

는 예외적인 경우가 아니다. 우리는 모두 그리스도교적 토호 귀족이 소유하고 있는 아름답지 않은 개념을 알고 있다. 오히려 대립들 사이에 있는 이러한 **순진무구**Unschuld, 거짓 속의 이러한 '선한 양심'은 문자 그대로 **근대적인** 것이다. 사람들은 이로써 거의 근대성을 정의한 것이 된다. 근대인은 생물학적으로 볼 때 **가치들의 모순**을 나타낸다. 그는 두 의자 사이에 걸치고 앉아, '그렇다'와 '아니다'를 동시에 말해 버린다. 그야말로 우리 시대에는 오류 자체가 몸Fleich이 되었고 심지어 천재성이 되었다. 이는 얼마나 놀라운 일인가? **바그너**가 '우리 안에서 살고 있다'. 이는 또 얼마나 놀라운 일인가? 내가 이유 없이 바그너를 근대성의 진열장이라고 불렀던 것이 아니다… 그렇게 우리 모두는 부지불식간에 **서로 모순되는 연원을 갖는** 가치들과 언어들과 도덕들을 우리 몸 안에 가지고 있다. ─ 생리학적으로 고찰하면, 우리는 **잘못된 것이다**… 근대 영혼에 대한 진단학 ─ 이것은 어떻게 시작될까? 그러한 본능의 모순성을 과감하게 도려내면서, 그러한 가치들의 대립을 제거하면서, 그러한 **가장 교훈적인** 경우를 해부하면서 시작될 것이다. ─ 바그너의 경우는 철학자에게는 하나의 **행운**이다. ─ 독자들이 듣고 있듯이, 이 글은 감사하는 마음속에서 얻은 영감의 결과이다…

# 니체 대 바그너

Nietzsche contra Wagner(1889)

－어떤 심리학자의 문서 Aktenstücke eines Psychologen

# 서문

　다음의 장Capitel들은 모두 나의 오래된 저술들에서 상당히 신중하게 뽑아낸 것들이다. — 몇 개의 장들은 1877년까지 거슬러 올라간다. 그리고 몇 개의 장들은 여러 군데서 아마 더 명료해졌을 것이고 특히 요약되기도 했다. 이 글을 하나하나 읽어 내려 가면 리하르트 바그너뿐만 아니라 나에 대해서도 의문이 남지 않게 될 것이다. 우리는 정반대의 사람들이다. 사람들은 그 이외에 다른 점들도 파악하게 될 것이다. 예컨대 이것은 독일인을 위한 에세이가 **아니라** 심리학자를 위한 에세이라는 것 말이다… 나는 빈, 상트페테르부르크, 코펜하겐, 스톡홀름, 파리, 뉴욕 등 어디서나 독자를 가지고 있다. — 유럽의 평원 지대인 독일에는 내 독자가 없다… 그리고 나는 내 자신만큼이나 **좋아하는** 고귀한 이탈리아인들의 귀에 대고 말하고 싶다… 도대체 얼마나 더 지속될 것인가, 크리스피[1]… 삼국동맹 Triple alliance[2]말이다. 가장 지성적인 민족이 '독일제국'과 동맹을 맺음으로써 신분이 낮은 자와 결혼을 하고 있다…

프리드리히 니체.

**토리노**에서, 1888년 크리스마스.

---

1   역주: 크리스피(Francesco Crispi, 1819-1901)는 이탈리아의 정치가로 이탈리아 통일운동에 참여했고, 통일 후에는 의회에서 좌파의 일원으로 활동했다. 1877년 내무장관이 되었으며, 독일, 오스트리아와 삼국동맹을 맺었다.

2   역주: 1882년에서 1915년까지 독일, 오스트리아, 이탈리아 간에 맺었던, 프랑스를 의식한 군사적인 목적의 방어동맹이다.

# 내가 경탄하는 곳

나는 예술가들이, 자신들이 무엇을 가장 잘할 수 있는지를 알지 못한다고 자주 생각한다. 그들은 그러기에는 너무 허영심에 차 있다. 그들의 감각은 새롭게, 독특하게, 아름답게, 정말로 완전하게 자기 땅에서 성장할 줄 아는 그러한 자그마한 식물들보다 더 화려한 어떤 것을 지향하고 있다. 그들은 말할 것도 없이 자신의 정원과 포도원에서 최근 수확된 좋은 것을 폄하해 버린다. 그들의 사랑과 통찰력은 그것에 어울리는 수준이 아니다. 고통받고 억압받고 탄압받는 영혼들의 세계에서 음조를 발견하는 데, 그 말 못 하는 불행에 언어를 부여하는 데, 다른 어떤 음악가보다도 더 노련한 음악가가 하나 있다. 늦가을의 색조에서, 즉 최후의, 가장 최후의, 가장 짧은 향락에서 비롯되는 이루 말할 수 없는 감동적인 행복의 색조에서도 역시 그를 따를 자는 아무도 없다. 그는 인과관계가 완전히 허물어진 것처럼 보이고 무엇인가가 매 순간 '무로부터' 생겨날 수 있는, 저 영혼의 비밀스럽고도 두려운 심야를 표현하는 소리를 알고 있다. 그는 인간 행복의 가장 심층의 밑바닥에서 퍼내 올린 모든 것에서, 말하자면 가장 떫고도 역겨운 포도주와 가장 달콤한 포도주가 결국 함께 뒤섞여 버린 술잔을 다 들이마실 때 나오는 모든 것에서, 가장 행복해한다. 그는 이제 더 이상 뛸 수도 날 수도 없고 게다가 걸을 수조차 없는 영혼의 힘든 움직임을 알고 있다. 그는 감추어져 있는 고통, 위로 없는 이해, 고백 없는 이별에 조심스러운 눈길을 보낸다. 모든 비밀스러운 고통의 소유자인 오르페우스처럼, 그는 그 누구보다도 위대하다. 그는 지금까지 표현될 수 없었거나 심지어는 예술에 적합하지 않다고 보았던 많은 것들을 처음으로 예술에 편입시켰다. ― 예컨대 가장 고통받는 자만이 해낼 수 있는 냉소적 반항, 마찬가지로 영혼의 아주 작고 현미경적인 많은 것들, 말하자면 영혼의 양서류적 본성의 비늘 조각들 말이다. ― 그렇다. 그는 지극히 작은 것의 **대가**인 것이다. 그러나 그는 그렇게 존재하기를 **원치** 않는다! 오히려 그의 성격은 거대한 벽과 과감한 벽화를 더 사랑한다! … 그는 자신의 정신이 다른 취향과 경향 ― 정반대의 시각 ― 을 갖고 있고, 무너진 집의 한구석에 조용히 앉아 있기를 가장 좋아한다는 사실을 알아채지 못하고 있다. 그는 거기에 숨어서,

자기 자신으로부터도 숨은 채, 자신의 고유한 걸작을 그려 낸다. 모든 것이 아주 짤막하고 가끔가다가 한 박자 정도만 길어지는 걸작 말이다. — 여기에서 비로소 그는 아주 훌륭하고 위대하고 완전해진다. 아마도 오직 여기에서만 그럴 것이다. — 바그너는 깊이 고통받은 자이다. — 이것이 바그너가 다른 음악가들보다 **뛰어난 점**이다. — 나는 바그너가 **자신을** 음악 속에 침투시킨 모든 곳에서 바그너에게 경탄한다. —

# 내가 반박하는 곳

― 그렇다고 해서 내가 이러한 음악을 건강하게 여긴다는 말은 아니다. 바로 바그너가 거론되고 있는 경우에는 가장 건강하지 못하다. 바그너 음악에 대한 나의 반박은 생리학적인 반박이다. 왜 이런 생리학적 반박은 가장 먼저 미학적 형식으로 자신을 위장하는 것일까? 미학은 그야말로 응용된 생리학에 불과하다. ― 이러한 음악이 나에게 영향을 미치기 시작하면, 나는 더 이상 편하게 숨 쉬지 못한다는 것이 나의 '사실'이고 나의 '작은 진실'이다. 내 **발**은 곧장 그 음악에 분개하고 반항한다. 내 발은 박자와 춤과 행진을 원한다. ― 독일의 젊은 황제[3]는 바그너의 황제 행진곡에 맞추어서는 결코 행진할 수 없다. 내 발은 음악에 대해 무엇보다도 환희Entzückung

를 원한다. 훌륭한 움직임과 발걸음과 춤에서 느껴지는 황홀감 말이다. 그런데 내 위胃, Magen도 역시 항의하고 있지 않은가? 내 심장은? 내 혈액 순환은? 내 내장은 탄식하고 있지 않은가? 이때 돌연 내 목소리는 잠겨 버리는 것이 아닌가?… 바그너를 감상하기 위해서는, 나는 신경안정제Pastilles Gérandel를 필요로 한다… 그래서 나는 자문해 본다. 도대체 내 몸 전체가 음악에서 **원하는 것**은 무엇일까? 영혼은 존재하지 않는 것이니 말이다… 내가 생각하기에 내 몸은 **가벼워지기**를 원한다. 마치 모든 동물적 기능들이 가볍고 과감하고 자유분방하고 자기확신에 찬 리듬에 의해 촉진되는 것처럼 말이다. 마치 청동 같은 삶, 납덩이 같은 삶이 황금 같고 섬세하고 기름처럼 매끄러운 선율에 의해 자신의 무거움을 잃어버리는 것처럼 말이다. 내 우울한 마음은 **완전성**의 심연 속에 숨어 편히 쉬기를 원한다. 그래서 나는 음악을 필요로 한다. 그러나 바그너는 병들게 한다. — 극장이 **나와** 무슨 상관이 있단 말인가? 대중이 — 그런데 누가 '대중'이 아니란 말인가! — 만족해 하는 저 극장의 '도덕적' 황홀경Ekstase이라는 경련이 나와 무슨 상관이 있단 말인가! 배우의 마술 같은 온갖 눈속임 동작들이! — 사람들은 나의 천성이 본질적으로

---

3 역주: 빌헬름 1세(Wilhelm Friedrich Ludwig von Preußen, 1797-1888)를 뜻한다. 프로이센의 국왕(1861-1888)이었던 그는 독일 통일을 위한 군국화를 실천해 비스마르크(Otto Eduard Leopold von Bismarck, 1815-1898)의 철혈정책으로 강한 육군을 만들었고, 오스트리아를 격파한 후 북독일연방을 조직했으며, 프로이센-프랑스 전쟁에서 승리해 독일제국의 첫 황제(1871-1888)가 되었다.

반극장적이라는 것을 잘 알고 있다. 나는 극장을, 이 전형적인 **대중예술**을 조소嘲笑, Hohn한다. 내 영혼의 심층에는 오늘날 모든 예술가라면 지니고 있는 깊은 조소가 놓여 있다. 무대 위의 **성공** — 이것으로써 사람들은 나의 존중을 완전히 잃어버리고, 나는 그것을 두 번 다시 보지 않는다. **실패** — 이럴 때 나는 귀를 곤두세우고 주의를 기울이기 시작한다… 그러나 바그너는 정반대였다. 지금까지 존재했던 음악들 중 가장 고독한 음악을 만들어 왔던 바그너의 옆에는 아마 지금까지 존재했던 모방자들 중 가장 열광적인 모방자인 연극인과 배우가 **역시 음악가로서** 버티고 있다… 그리고 덧붙여 말하면, 바그너의 이론이 "극이 목적이고, 음악은 언제나 수단일 뿐"이었다면, 이에 반해 그의 **실천**은 처음부터 끝까지 "포즈Attitüde가 목적이고, 극과 음악은 언제나 수단일 뿐"이었다. 음악은 극적인 몸짓과 뚜렷한 배우 기질을 명백하게 드러내고 강화하고 내면화시키는 수단이었다. 바그너의 악극은 수많은 흥미로운 포즈들의 시험장일 뿐이다! — 그는 다른 모든 본능들 외에도 하나의 위대한 배우가 지니고 있는, 모든 점에서 **명령하는** 본능을 갖고 있다. 그리고 이미 말했듯이 역시 음악가로서도 말이다. — 나는 전에 이 점을 어떤 열혈 바그너주의자에게 명확하게 설명해 주느라 애먹은 적이 있다. — 명확함과 바그너주의자라니! 나는 이에 대해 더 이상은 말하지 않으련다. 다만 여러 가지 이유로 몇 마디만 덧붙이겠다. "당신은 자기 자신에 대해 조금만 더 정직해 보라! 우리는 바이로이트에 있지 않다. 바이로이트에서는, 사람들은 오직 대중으로서만 정직하고, 개인으로서는 거짓말을 하고 자기 자신도 속인다. 사람들은 바이로이트에 갈 때 자기 자신을 집에 놓아 두고 간다. 사람들은 자신의 고유한 발언권과 선택권을 포기하고, 자기의 취향에 대한 권리도 포기하며, 심지어는 자기 방의 네 벽 사이에서는 신과 세계에 대항하며 발휘하던 용기마저도 포기해 버린다. 어느 누구도 극장으로는 자기 예술의 가장 섬세한 감각을 갖고 가질 못한다. 극장을 위해 일하는 예술가들은 어느 누구보다도 더 그러하다. ― 거기에는 고독이 결여되어 있다. 모든 완전한 것은 증인을 용납하지 않는다… 사람들은 극장에서 대중, 군중, 여자, 바리새인, 거수기 투표권자, 교회의 후원자, 바보가 되어 버린다. ― **바그너주의자**가 되는 것이다. 그곳에서는 가장 개인적인 양심마저도 다수라는 평준화의 마술에 굴복하게 된다. 그곳에서는 이웃이라는 것이 지배한다. 그곳에서는 사람들이 이웃이 되어 버린다…"

# 간주곡

　― 최고의 탁월한 귀를 가진 자들에게 한마디 더 하겠다. 내가 음악에서 진정 무엇을 바라는지에 관해서 말이다. 나는 음악이 10월의 오후처럼 청명하고 깊이 있기를 바란다. 음악이 개성 있고 자유분방하고 부드럽기를 바란다. 음악이 상냥함과 기품을 모두 갖춘 매력 있는 어린 여성이기를 바란다… 나는 독일인이 음악이 무엇인지 알 **수 있으리라는** 점을 결코 인정하지 않을 것이다. 독일 음악가라고 불리는 자들 중에서 특히 위대한 음악가들은 **외국인들**이다. 슬라브인, 크로아티아인, 이탈리아인, 네덜란드인이거나 ― 또는 유대인이다. 그렇지 않은 경우라면 하인리히 쉬츠[4], 바흐, 헨델과 같이 이미 **소멸되어 버렸지만** 강한 종족의 피가 흐르는 독일인이

다. 나 자신은 쇼팽을 위해서라면 나머지 음악 전부를 포기할 수 있을 정도로 언제나 폴란드인이다. 나는 세 가지 이유 때문에 바그너의 《지그프리트 목가Siegfried Idyll》는 예외로 한다. 그리고 모든 음악가에 앞서 고귀한 오케스트라적인 악센트를 갖고 있는 리스트도 아마 예외로 할 것이다. 마지막으로 알프스 너머에서 ― **지금 내가 있는 이쪽에서** ― 성장한 모든 것들도 예외로 한다… 나는 로시니 없이 지내는 법을 알지 못한다. 음악에서의 **나의** 남쪽, 즉 베네치아의 거장인 나의 피에트로 가스티[5]의 음악 없이는 더더욱 그렇다. 그리고 내가 알프스 너머라고 말할 때는, 진정으로 오직 베네치아만을 말하는 것이다. 내가 음악을 표현할 다른 단어를 찾을 때에는, 언제나 베네치아라는 단어만을 발견할 뿐이다. 나는 눈물과 음악을 구별할 줄 모른다. 나는 두려움의 전율 없이는 행복과 **남쪽**을 생각할 수 없다.

다리에 서 있다,

최근 나는 갈색의 밤에.

멀리서 노랫소리가 들려왔다.

---

4    역주: 쉬츠(Heinrich Schütz, 1585-1672)는 바흐 이전 시대 독일의 가장 위대한 작곡가로 꼽힌다. 프로테스탄트 교회음악 분야에 많은 작품을 남겼고, 독일 근대 음악의 아버지로 불리기도 한다.

5    역주: 니체는 자신의 친구이자 조력자인 하인리히 쾨젤리츠(Heinrich Köselitz, 1854-1918)를 페터 가스트(Peter Gast)라는 애칭으로 불렀는데, 여기서는 그를 지칭하는 것으로 보인다.

황금빛 물방울이 솟아나온다,

떨고 있는 수면 위로.

곤돌라, 등불, 음악이 —

취한 채 황혼으로 헤엄쳐 갔다…


내 영혼이, 하나의 현악 연주가

보이지 않는 손길에 닿아 노래를 불렀다.

은밀히 곤돌라도 노래를 불렀다,

다채로운 행복감에 떨면서.

─그 누군가는 귀 기울여 들었을까?…

# 위험으로서의 바그너

## 1.

— 새로운 음악이 오늘날 아주 강력하기는 하나 애매하게도 '무한
선율'이라고 불리는 것을 통해 의도하는 바는 다음과 같이 명확하게
설명될 수 있다. 사람들이 바다에 가면, 땅 위에서의 안정적인 걸음
걸이를 서서히 상실하고, 결국에는 자연의 힘에 무조건 굴복하게 된
다. 사람들은 **헤엄을 쳐야** 한다. 예전 음악에서는 때로는 우아하게,
때로는 장중하게, 때로는 열정적으로 격렬하게, 때로는 빠르거나 천
천히, 완전히 다른 것을, 말하자면 **춤을 춰야** 했다. 이를 위해서는 절
도가 필요하고, 균형 잡힌 일정한 시간과 힘의 강도 유지가 필요하

다. 이것은 청중이 지속적으로 **신중한 생각**을 할 수밖에 없도록 만든다. ― 모든 **좋은** 음악의 마법은 신중한 생각에서 나오는 서늘한 대기의 흐름과 열광으로 뜨거워진 숨결 간의 힘겨루기에 기초하고 있었다. ― 리하르트 바그너는 다른 종류의 운동을 원했다. ― 그는 지금까지의 음악의 생리학적 전제 조건을 전복시켰다. 그는 더 이상 걷고 춤추는 것이 아니라 헤엄치고 떠다니기를 원했던 것이다… 이로써 아마도 결정적인 점이 이야기된 셈이다. '무한 선율'은 바로 시간과 힘의 균형을 모두 깨 버리길 **원하며**, 심지어는 이것을 때때로 멸시하기도 한다. ― 무한 선율은 그야말로 이전의 귀에는 역설적이고 모욕적인 리듬으로 들리던 것들로부터 수많은 리듬을 고안해 냈다. 이러한 취향을 모방하게 되면, 그리고 이러한 취향이 지배하게 되면, 음악에서 위험이 발생하게 된다. 이보다 더 큰 위험은 전혀 생각할 수 없을 것이다. ― 리듬 감각은 완전히 퇴화되어 버리고, **혼돈**이 리듬의 자리를 차지해 버리는 위험 말이다… 그러한 음악이 전적으로 자연주의적인, 그 어떤 조형 법칙의 지배도 받지 않는 연극 나부랭이와 몸짓 기술에 점점 더 의존하게 되면, 그러한 음악이 **영향을 미치는 것** 외에는 그 이상의 어떤 것도 원치 않는다면, 위험은 절정에 다다른다… 모든 것을 희생시키는 에스프레시보espressivo[6]와 포즈의 하인이자 노예가 된 음악 ― **이것은 종말이다…**

---

6    역주: 음악 악보에서 사용되는 용어로, 표정을 풍부하게 또는 정감이 넘치게 연주하라는 뜻이다.

## 2.

어떤가? 음악 연주가들이 현재 믿고 있는 것처럼, 어떤 상황에서도 더 이상 능가할 수 없는 고부조Hautrelief[7]에 도달하는 것이 정말로 연주 행위에서 최우선의 미덕이란 말인가? 이것을 예컨대 모차르트에 적용시켜 본다면, 모차르트의 정신에 거역하는 진정한 죄이지 않을까? 명랑하고 열광적이고 부드럽고 사랑스러운 모차르트의 정신 말이다. 그는 다행히도 독일인이 아니었다. 그의 진지함은 독일의 우직한 자의 진지함이 **아니라** 호의적이고 고귀한 진지함이다… 하물며 '돌로 된 손님'의 진지함은 더욱 아닌 것이다… 하지만 그대들은 **모든** 음악은 '돌로 된 손님'의 음악이라고 — 모든 음악은 벽에서 뛰쳐나와 청중의 내장 속까지 흔들어 놓아야 한다고 생각하는가?… 음악이 정말 이렇게 **영향을 미친단 말인가!** — 이러한 음악은 **누구에게** 영향을 미치는가? 이 음악은 **고귀한** 예술가라면 결코 영향을 미쳐서는 안 되는 것에게 영향을 미친다. — 대중에게! 미성숙한 자에게! 둔감한 자에게! 병든 자에게! 백치에게! **바그너주의자에게!** …

---

7    역주: 평면적인 모양에 요철로 기복을 주어 모양이나 형상을 표현하는 조소 기법의 하나다. 여기서는 큰 돌출 모양을 준다는 뜻에서 부정적 의미로 사용되었다.

# 미래 없는 음악

음악은 특정한 문화의 토양에서 자랄 줄 아는 모든 예술에서 발생한다. 음악은 모든 식물들 중 최후의 식물로서 출현한다. 아마도 음악은 가장 내면적인 것이라서 가장 늦게 ― 언제나 자기에게 속한 문화가 가을을 맞아 꽃이 시들어갈 때 달성되기 때문인 것 같다. 그리스도교적 중세의 영혼은 네덜란드 거장의 예술에서야 비로소 자신의 종결을 맺었다. ― 그들의 음향건축술은 뒤늦게 태어나기는 했지만 고딕예술과 같은 가문이며 친자매이다. 비로소 헨델의 음악에서 루터와 그와 유사한 영혼들로부터 나온 최고의 것이 울려 퍼졌다. 비로소 그의 음악에서 종교개혁에 위대한 성격을 부여해 주었던 유대적이고 영웅적인 특성이 울려 퍼졌다. ―『신약성서』가 아니라 『구약성서』가 음악이 되었던 것이다. 비로소 모차르트가 루트비히 14세 시대와 라신[8] 및 클로드 로랭[9]의 예술 시대에 **저 울려 퍼지는** 금방울 소리를 부여했다. 비로소 베토벤과 로시니의 음악에서 18세기, 즉 열광의 시대, 허물어진 이상의 시대, **덧없는** 기쁨의 시대가 노래를 불렀다. 모든 진실하고도 독창적인 음악은 백조의 노래이다. — 우리의 최신 음악도 제아무리 지배적이고 지배욕이 있다 할지라도 아마 수명이 오래가지는 못할 것이다. 왜냐하면 이 음악은 그 지반이 급격히 가라앉는 문화 — 곧 **침몰되는** 문화 — 에서 생겨났기 때문이다. 특정한 감정의 가톨릭주의와 어떤 오래된 고향 같은, 이른바 '민족적인' 본질과 비본질에서 느끼는 즐거움이 이 음악의 전제 조건이다. 바그너가 오래된 전설과 노래를 자신의 것으로 만들고 거기에서 게르만적인 것의 전형을 보도록 자신의 박식한 편견을 통해 가르쳐 주었다는 것, — 오늘날 우리는 이것을 우습게 여기지만 — 이 스칸디나비아의 괴물이 달콤한 감각과 추상화에 대한 갈증 때문에 새로이 생명력을 얻었다는 것, — 바그너의 이런 식의 모든 주고받기는 그 소재, 인물, 열정, 신경 등을 고려해 볼

---

8  역주: 라신(Jean Baptiste Racine, 1639-1699)은 17세기 프랑스 고전주의를 대표하는 비극작가이다. 대표작으로는 《베레니스(Bérénice)》(1670), 《이피제니(Iphigénie)》(1674), 《페드르(Phèdre)》(1677) 등이 있다.

9  역주: 로랭(Claude Lorrain, 1600-1682)의 본명은 줄레(Claude Gellée)이며, 프랑스의 화가로서 푸생(Nicolas Poussin, 1594-1665)과 함께 17세기 프랑스 회화를 대표한다. 그는 역사상 가장 중요하고 영향력 있는 풍경화가들 중 하나로 알려져 있다.

때 **그의 음악** 정신에 대해서도 명확하게 말해 주고 있다. 물론 그의 음악도 다른 모든 음악처럼 자신에 관해 명확하게 말하지는 않는다고 전제할지라도 말이다. 왜냐하면 음악은 **여성**이기 때문이다… 우리가 지금 그야말로 반동Reaktion **안의** 반동 속에서 살고 있다고 해서 이러한 사태에 현혹되어서는 안 된다. 민족전쟁의 시대, 로마 교황청의 수난 시대, 이와 같이 현재 유럽 상황들에서 나타나는 **간주곡적** 특성 전체는 사실상 바그너의 음악과 같은 그러한 예술에 갑작스러운 영광을 안겨다 줄 수 있지만, **미래**에 대해서는 아무런 보장을 해 주지 않는다. 독일인 자체는 미래가 없다…

# 우리 대척자들

아마도 사람들은, 최소한 내 친구들은 내가 처음에는 약간 오류를 저지르고 과대평가를 하기는 했지만 어쨌든 **희망하는 자**로서 이 근대 세계에 덤벼들었다는 것을 기억할 것이다. 나는 19세기의 철학적 염세주의를 흄과 칸트와 헤겔의 철학에서 표현된 것보다 더 높은 사고력의 징조로, 더 큰 승리를 구가하는 충만한 삶의 징조로 이해했다. ― 어떤 개인적인 경험에서 그렇게 이해했는지는 알 게 뭐란 말인가? 나는 **비극적** 인식을 우리 문화의 가장 아름다운 사치로, 우리 문화의 가장 값비싸고 가장 고귀하며 가장 위험한 종류의 낭비로 받아들였다. 하지만 우리 문화가 너무나 풍요롭기에 **허락된** 사치로 간주하였다. 이와 같이 나는 바그너 음악을 영혼의 디오니소스적 강건함을 표현하는 데 적합한 것으로 해석했다. 태곳적부터 퇴적되어 온 삶의 근원적 힘이 마침내 숨 쉴 수 있게 만드는 지진 소리를, 나는 바그너 음악에서 들었다고 믿었다. 오늘날 문화로 불리는 모든 것이 이 때문에 흔들릴 수 있다는 것쯤은 아무 상관이 없었다. 사람들은 내가 무엇을 오인했는지를 알 것이다. 마찬가지로 사람들은 내가 바그너와 쇼펜하우어에게 무엇을 **선물했는지**를 알 것이다. ─ 나는 나를 선물로 주었던 것이다… 모든 예술과 모든 철학은 성장하거나 쇠퇴하는 삶의 치유수단과 보조수단으로 생각될 수 있다. 예술과 철학은 언제나 고통과 고통받는 자를 전제한다. 그런데 고통받는 자는 두 가지 유형이 있다. 하나는 삶의 **충일**Überfülle 때문에 고통받는 자다. 그는 디오니소스적 예술을 원하고, 그와 같은 정도로 삶에 대한 비극적 통찰과 전망을 원한다. ─ 또 다른 하나는 삶의 **빈곤** 때문에 고통받는 자다. 그는 예술과 철학으로부터 안식, 고요, 잔잔한 바다를 원하지만 **때로는** 도취, 경련, 마비를 원하기도 한다. 삶 자체에 대한 보복 ─ 이것은 그러한 빈곤한 자에게는 가장 자극적인 종류의 도취인 것이다! … 후자의 이중적 욕구에 일치하는 자는 바그너와 쇼펜하우어다. ─ 그들은 삶을 부정하고 헐뜯는다. 그렇기 때문에 그들은 나의 대척자들인 것이다. ─ 삶의 충일에서 가장 풍요로운 자, 즉 디오니소스적 신과 디오니소스적 인간은 두렵고 섬뜩한 것을 기꺼이 바라볼 수 있을 뿐만 아니라 심지어는 두려운 행위를 수행하며 파괴와 해체와 부정의 모든 사치를 자신에게 허용할 수 있다. — 모든 사막을 풍요로운 과일의 재배지로 만들 수 있는 생산의 힘과 재건의 힘이 넘쳐흐르기 때문에, 그에게는 마치 악과 무의미와 추함이 허락되는 것처럼 보인다. 자연에게 허락되는 것처럼 보이듯이 말이다. 반면에 가장 고통받는 자, 삶이 가장 빈곤한 자는 사유나 행동에서 온화와 평화와 선의 — 오늘날 휴머니티Humanität라고 불리는 것 — 를 가장 필요로 한다. 경우에 따라서는 원래 병자들의 신인 **구세주**라는 신을 필요로 하고, 마찬가지로 백치를 위한 삶의 개념적 이해 방식인 논리도 역시 필요로 한다. — '이상주의자'나 '아름다운 영혼'과 같은 전형적인 '자유정신들'도 모두 데카당이다. — 짧게 말하면, **백치화**를 허용하는 낙관주의적 지평에서 어느 정도 따뜻하면서도 어느 정도 공포를 차단하지만 부자유스러운 감금 상태인 것이다… 이와 같이 나는 디오니소스적 그리스인과는 반대의 존재인 에피쿠로스를 서서히 이해하기 시작했다. 마찬가지로 일종의 에피쿠로스주의자인 그리스도교인도 이해하기 시작했다. 그리스도교인은 '믿음이 복되게 한다'는 자신의 원칙을 갖고서 **가능한 한 멀리까지** 쾌락주의의 원칙을 뒤따른다. — 모든 지적인 성실성을 포기하는 정도까지 말이다… 내가 다른 모든 심리학자들보다 뛰어난 점이 있다고 한다면, 그것은 내가 대부분의 사람들이 오류를 범했던 가장 어렵고도 가장 위험한 유형의 귀납추론에 관해 좀 더 예리한 시선을 갖고 있다는 점이다. — 이러한 귀납추론은 작품으로부터 창조자를, 행위로부터 행위자를, 이상으로부터 그 이상을 필요로 하는 자를, 모든 사유방식과 평가방식으로부터 그 배후에서 명령하는 욕구를 밝혀내는 것이다. ─ 나는 모든 종류의 예술가와 관련해 이제 다음과 같은 중요한 구분을 하려 한다. 여기서 창조적으로 변한 것은 삶에 대한 증오인가 아니면 삶에서의 **충일**인가? 예컨대 괴테의 경우는 충일이 창조적으로 되었지만, 플로베르의 경우는 증오가 창조적으로 되었다. 플로베르는 파스칼의 새로운 판본이고, 근본적으로 본능적 판단을 하는 예술가라는 점만 다르다. "플로베르는 언제나 천박하다. 그라는 인간 자체는 아무것도 아니고 그의 작품이 전부다"… 그는 창작할 때 자기를 고문했다. 마치 파스칼이 사색하면서 자기를 고문했던 것처럼 말이다. ─ 그들 둘은 모두 비이기적인 감성을 지녔다… '몰아Selbstlosigkeit'[10] ─ 이것은 데카당스 원칙이고, 예술과 도덕에서 보이는 종말에의 의지이다. ─

---

10  역주: 독일어 Selbstlosigkeit는 대체로 '사심 없음'이나 '사욕 없음'의 의미로 사용되고 긍정적인 상태로 이해되나. 니체는 자기를 잊고 있는 상태인 몰아(沒我)의 의미로 사용하고 부정적인 상태로 이해한다.

# 바그너가 속한 곳

프랑스는 지금도 여전히 유럽의 가장 정신적이고 가장 세련된 문화의 중심지이고, 취향을 위한 **고급** 학교이다. 하지만 사람들은 이러한 '취향의 프랑스'를 잘 발견할 수 있어야 한다. 예컨대 『북독일신문Norddeutsche Zeitung』이나 이 신문에서 발언한 어떤 사람은 프랑스인을 '야만인'으로 보고 있다. — 내 개인적인 생각으로는 해방되어야 할 '노예들'이 있는 **검은** 대륙은 북독일 근처에서 찾을 수 있을 텐데 말이다… **저** 프랑스에 속해 있는 자는 자신을 잘 은폐한다. 거기에는 현실적으로 잘 살아가는 자가 소수일지도 모른다. 거기에는 아마 강건하지 않은 자들도 있을 것이다. 아마 부분적으로는 숙명론자, 우울한 자, 병자가, 또 부분적으로는 유약한 자, 부자연스러운 자, 인위적인 **야심**을 가진 자가 섞여 있을 것이다. ― 하지만 그들은 오늘날 다른 세계에서는 여전히 쓸데없는 것일지 모르는, 고귀하고 섬세한 모든 것을 소유하고 있다. 이 정신의 프랑스는 염세주의의 프랑스이기도 한다. 오늘날 쇼펜하우어는 이러한 정신의 프랑스에서, 독일에서보다 훨씬 더 가깝게 자신의 고향을 느끼고 있다. 그의 주저는 이미 두 번이나 번역되었고, 두 번째 번역은 매우 뛰어나서 나는 쇼펜하우어를 프랑스어로 읽는 것을 더 좋아할 정도이다(― 그는 독일인들 가운데서는 하나의 **우연**이다. 마치 내가 그러한 우연인 것처럼 말이다. ― 독일인들은 우리를 감지할 만한 손가락이 없다. 그들은 손가락 자체가 없다. 그들은 못생긴 손만 갖고 있을 뿐이다). 하인리히 하이네에 관해서는 말할 것도 없다. ― 파리에서 사람들은 그를 숭배할 만한 하이네라고 부른다. ― 그는 이미 오래전부터 프랑스의 비교적 깊이 있고 풍부한 영혼을 지닌 서정시인들의 살이 되고 피가 되어 왔다. 독일의 멍청이들이 그러한 천성의 섬세함을 가지고서 어떤 것을 시작이나 할 줄 알았겠는가! ― 마지막으로 리하르트 바그너에 관해 말한다면 말이다. 사람들은 파리가 바그너의 근본적인 **기반**이라는 사실을 대충 알고 있는 것이 아니라 분명히 알고 있다. 프랑스 음악이 '근대 정신'의 욕구를 더 많이 반영하면 할수록, 그것은 그만큼 더 바그너적으로 된다. ― 지금 이미 충분히 그와 같은 일이 일어나고 있다. ― 사람들은 바그너 자신의 행동 때문에 이 점에 관해 혼동해서는 안 된다. ― 바그너가 1871년에 자신의 고통 때문에 파리를 조소한 일은 확실히 그의 그릇된 행위였다… 그럼에도 불구하고 독일에서 바그너는 하나의 오해일 뿐이다. 바그너에 관해 무언가를 이해하는 데 있어서 예컨대 저 젊은 황제보다도 더 무능한 자가 또 있을까? — 그럼에도 불구하고 유럽의 문화운동에 정통한 모든 사람들은 프랑스 낭만주의와 리하르트 바그너가 서로 아주 밀착된 관계에 있다는 것을 명백한 사실로 보고 있다. 사람들 모두가 눈과 귀에 이르기까지 문학에 의해 지배되고 있다. — **세계문학적** 교양을 지닌 유럽 제일의 예술가들 — 이들 대부분은 몸소 문필가, 시인, 감각과 기교의 중개자나 조정자이다. 이들은 모두 **표현**의 광신자, 숭고한 것과 추한 것과 소름끼치는 것의 영역에서 위대한 발견자이고, 효과와 공연과 전시장 기술면에서는 더 위대한 발견자이다. 이들은 모두 자신의 천재성을 훨씬 넘어서는 재능의 소유자들이다. — 이들은 모두 유혹하고 유인하고 강요하고 전복시키는 모든 것으로 통하는 섬뜩한 통로를 가진 명실상부한 **대가들**이고, 논리와 직선에 대한 타고난 적수이고, 낯선 것, 이국적인 것, 거대한 것, 감성과 지성에 대한 온갖 마취제를 몹시 갈망하는 자들이다. 전체적으로 보면, 이들은 대담하고 모험적이며, 화려하고 강력하며, 드높이 날아 높이 끌어올리는 유형의 예술가들이다. 이들은 자신들의 시대 — 이것은 **대중**의 시대이다 — 에 '예술가'라는 개념을 처음으로 가르쳐야만 했다. 그러나 **병적으로**…

# 순결의 사도로서의 바그너

## 1.

— 그것은 과연 독일적인가?

독일의 심장으로부터 나온 것인가, 이 가슴 답답한 쉿소리는?

그리고 이 스스로를 괴롭히는 자기파괴가 독일의 몸에서?

독일적인가, 이 사제가 내미는 손들은,

유향 냄새를 풍기는 이 감각적 자극은?

그리고 독일적인가, 이 추락, 정지, 비틀거림이,

이 달콤한 흔들거리는 종소리가?

이 수녀들의 추파가, 아베마리아 종소리가,

이 완전히 거짓된, 황홀성에 빠진 하늘과 하늘 위의 하늘이? …

— 그것은 과연 독일적인가?
생각해 보라! 그대들은 아직 문턱 위에 서 있다…
그대들이 듣는 것은 **로마**이기 때문이다, — **로마의 침묵하는 신앙!**

## 2.

관능과 순결 사이에 어떤 필연적 대립이 있는 것은 아니다. 모든 좋은 결혼생활, 모든 가슴에서 우러나는 진정한 사랑은 이러한 대립을 초월해 있다. 하지만 이 대립이 실제로 존재하는 경우에도 이 대립은 다행히 더 이상 비극적인 대립일 필요는 없다. 이 점은 적어도 비교적 잘 자라고 비교적 명랑한 모든 인간에게 해당되는 것이다. 이들은 천사와 하찮은 동물 사이에 있는 자신의 불안정한 위치를 곧바로 삶을 적대시하는 이유로 간주하는 것과 거리가 먼 자들이다. — 하피스[11]나 괴테 같은 가장 섬세한 자들, 가장 명석한 자들은 그 점에서 오히려 어떤 매력 하나를 보았다… 그러한 모순성이

---

11   역주: 하피스(Khwāja Shams-ud-Dīn Muḥammad Ḥāfeẓ-e Shīrāzī, 1319?-1389?)는 페르시아의 시인이다. 그는 1812-1813년에 요셉 폰 함마-프룩스탈(Joseph von Hammer-Purgstall)에 의해 번역된 『페르시아 시집(Der Diwan)』과 그것이 각색된 괴테의 『서동시집(West-östlicher Divan)』에 의해 독일에서 많은 관심을 얻었다.

야말로 사람들을 삶으로 유혹하는 것이다… 다른 한편으로, 키르케의 불행한 짐승들이 순결을 찬양하는 일이 일어난다면, 그것들은 순결에서 단지 순결과 대립되는 측면만을 평가하고 **찬양할** 것이라는 점은 너무나 명백한 사실이다. — 오, 얼마나 비극적인 울부짖음이며 비극적인 열망이란 말인가! 사람들은 그것을 상상할 수 있을 것이다. — 리하르트 바그너가 이론의 여지없이 자신의 생애 말기에 음악에 담아서 무대 위에 올리려 했던 대립은 불쾌하면서도 완전히 쓸데없는 대립이라는 것 말이다. 그러면 **도대체 무엇을 위해?** 우리는 당연히 이렇게 물을 수 있다.

## 3.

이 경우에 물론 또 다른 질문을 피해 갈 수는 없다. 도대체 바그너와 저 남성적인(아, 아주 남성적이지 않은) '순진한 시골 소녀'가 어떤 관련이 있는지, 저 불쌍한 악마와 이 악마에 의해 매우 위험한 과정을 겪으면서 마침내 가톨릭적인 모습으로 만들어지는 야성적인 젊은이 파르지팔이 어떤 관련이 있는지와 같은 질문 말이다. — 뭐라고? 이러한 파르지팔이 정말로 **진지하게** 생각해서 만들어진 것이라고? 사람들이 파르지팔에 관해 **웃음을** 금치 못했다는 사실을 나는 전혀 부정하고 싶지 않다. 고트프리트 켈러[12]도 그렇게 하지 않았다… 사람들은 바그너의 《파르지팔》이 명랑한 의도에서 만들어

졌기를 바랄 것이다. 이를테면《파르지팔》이 비극 작가 바그너가 그야말로 자신에게 어울리는 품위 있는 방식으로 우리에게, 그리고 자기 자신에게, 특히 **비극에게** 작별을 고하기 위한 최종 작품으로서, 그리고 사티로스극으로서 만들어졌기를 바랄 것이다. 말하자면 비극적인 것 자체에 관한, 지금까지의 모든 소름끼치는 지상의 진지함과 지상의 비참함에 관한, 금욕주의적 이상의 반자연성에 의해 마침내 극복된 **가장 무감각한 형식**에 관한, 아주 방자하기 이를 데 없는 최고의 패러디를 수단으로 해서 말이다.《파르지팔》은 확실히 오페레타operetta[13]의 전형적인 소재이다…《파르지팔》은 바그너가 자기 자신을 내려다보면서 웃는 비밀스러운 웃음일까? 자신의 최후이자 최고의 예술가적 자유, 예술가적 초월성의 승리일까? — 바그너는 자기 자신에 대해 **웃을 줄 아는** 자일까?… 이미 말했듯이, 사람들은 이것을 바라는 것 같다. 그렇지 않다면 **진지하게 생각된** 파르지팔이 도대체 어떤 것일 수 있단 말인가? 사람들이 그에게서 '인식과 정신과 감성에 대한 광기 어린 증오의 산물'(사람들이 나에 대해 반감을 표명하듯이)을 보아야 할 필요가 있단 말인가? 한 번의 증오

---

12  역주: 켈러(Gottfried Keller, 1819~1890)는 독일어권 문학의 위대한 작가 중 한 사람으로서 '스위스의 괴테'라고 일컬어진다. 대표작으로는 『녹색의 하인리히(Der grüne Heinrich)』(1855), 『젤트빌라의 사람들(Die Leute von Seldwyla)』(1856~1874), 『일곱 개의 전설(Die Sieben Legenden)』(1872), 『마르틴 살란더(Martin Salander)』(1886) 등이 있다.

13  역주: 이탈리아어 오페라(opera)에 축소형 어미 '-etta'가 붙은 것으로 '작은 오페라'라는 의미다. 오페레타는 오페라에 비해 작은 규모로 대사와 노래, 무용 등이 섞인 경(輕)가극이다.

와 호흡 속에서 감각과 정신에게 가하는 저주를? 그리스도교적이고 병적이고 반계몽주의적인 이상Ideal으로의 배신과 전향을? 그리고 결국 지금까지 자신의 의지의 모든 힘을 바쳐서 어떤 반대되는 것을 추구해 왔던, 즉 자신의 예술에서 최고의 정신화와 최고의 감성화를 추구해 왔던 예술가 자신에 의해 일어나게 되는 자기 자신의 부정과 자기 자신의 말소를? 그리고 단지 자신의 예술뿐만 아니라 자신의 삶을 부정하고 말소하는 것을? 바그너가 자신의 시대에 얼마나 감격해 하면서 철학자 포이어바흐의 발자국을 따라 걸어갔는지를 회상해 보길 바란다. '건강한 감성'이라는 포이어바흐의 말은 1830년대와 1840년대의 수많은 독일인들 — 이들은 스스로를 **청년 독일파**라고 불렀다 — 에게서처럼 바그너에게도 구원의 말처럼 들렸다. — 바그너가 결과적으로는 건강한 감성을 **다른 식으로 배운 것일까?** 왜냐하면 어느 정도는 그가 건강한 감성을 **다르게 가르치려**는 의지를 마지막에 가졌던 것처럼 보이기 때문이다… 플로베르의 경우처럼 그의 경우도 **삶에 대한 증오**가 지배하게 되었던 것일까?… 왜냐하면 《파르지팔》은 악의와 복수심에서 나온 작품이고 삶의 전제 조건을 은밀하게 독살하는 작품이기 때문이다. 《파르지팔》은 **나쁜** 작품이다. — 순결을 설교하는 것은 반자연을 선동하는 것이다. 나는 《파르지팔》을 미풍양속의 암살 행위로 느끼지 못하는 사람들 모두를 경멸한다. —

# 나는 어떻게
# 바그너로부터 벗어났는가

## 1.

이미 1876년 여름, 첫 번째 바이로이트 축제 기간 중에 나는 내면적으로 바그너에게 결별을 고했다. 나는 모호한 것을 참아 내지 못한다. 바그너가 독일에 있게 된 이후, 그는 내가 경멸하는 모든 것을 서서히 묵인해 갔다. — 심지어는 반유대주의조차도 말이다… 사실 그때가 작별을 하기에 아주 적절한 때였다. 나는 곧 작별을 위한 증거를 얻었다. 리하르트 바그너는 겉보기에는 가장 성공한 사람인 것처럼 보이지만 실제로는 부패하고 절망한 데카당이고, 갑자기 꼼짝없이 산산이 부서져 그리스도교의 십자가 앞에서 침몰해 버렸다… 그 당시에 이러한 소름끼치는 연극을 볼 수 있는 눈을 자기 머리에 달고 있으면서, 이 연극에 양심적으로 동정심을 느낄 수 있었던 독일인이 한 사람이라도 있었을까? 바그너 때문에 **고통스러웠던** 사람은 내가 유일했단 말인가? ─ 좋다. 그 예기치 못했던 사건은 나 자신에게 내가 버리고 떠나온 장소를 마치 번개처럼 선명하게 알려 주었다. ─ 그리고 무의식적으로 커다란 위험 속을 뚫고 지나온 사람이라면 누구나 느끼게 되는 저 뒤늦은 전율도 말이다. 내가 혼자서 더 멀리 갔을 때, 나는 몸을 떨었다. 그로부터 얼마 후 나는 병에 걸렸고, 병보다 더한 것에 걸렸다. 말하자면 **지쳤던** 것이다. ─ 나는 우리 근대인을 여전히 열광하게 만드는 남아도는 모든 것에 대한, 그리고 곳곳에서 **허비되는** 힘, 노동, 희망, 청춘, 사랑에 대한 억제할 수 없는 실망 때문에 지쳐 버렸다. 그리고 가장 용기 있는 자들 중 한 사람에게 다시 한번 승리를 거둔, 모든 이상주의적 거짓말과 허약한 양심에 대한 구토 때문에 지쳐 버렸다. 그리고 결국에는, 적잖이, 가차 없는 의심의 번민 때문에 지쳐 버렸다. ─ 내가 지금부터 이전의 그 어느 때보다도 더 깊이 불신하고, 더 깊이 경멸하고, 더 깊은 **고독** 속에 있어야 한다고 선고받았다는 의심 말이다. 왜냐하면 나는 리하르트 바그너 이외에는 아무도 가지고 있지 않았기 때문이다… 나는 언제나 독일인이기를 **선고받았다**…

# 2.

그때부터 고독하게, 그리고 나 자신에 대해 가혹하게 불신하면서, 나는 약간의 통분Ingrimm을 품은 채, 당시에 나 자신에 대해서는 **적대적**이면서도, 바로 나를 아프게 하고 냉혹하게 대하는 모든 것에 대해서는 **우호적**이었다. 이렇게 해서 나는 저 용기 있는 염세주의로 향하는 길을 다시 발견하게 되었다. 이 염세주의는 모든 이상주의의 거짓 주장과 대립관계에 있다. 또한 내가 보기에 나는 **나**에게로 향하는 길, ― **나의** 과제로 향하는 길을 다시 발견하게 되었다… 저 드러나지 않은 채 명령을 내리는 어떤 것이 마침내 우리의 과제로 나타나기 전까지는, 우리는 오랫동안 이 어떤 것의 이름조차 알 수 없다. ― 우리 안에 있는 이 폭군은 우리가 이 폭군을 회피하거나 이 폭군에서 달아나려는 모든 시도에 대해, 너무나 때 이른 모든 만족에 대해, 우리와 관계없는 것 같은 종류로 취급하는 모든 것에 대해, 어떤 행동이 존경받을 만한 행동일지라도 그 행동이 우리를 우리의 주된 과제에서 벗어나게 할 때는 그러한 모든 행동에 대해, 무시무시한 보복을 가한다. ― 말하자면 우리를 우리의 가장 본래적인 책임의 엄격성을 직면하지 못하게 하는 모든 미덕에 대해 보복을 가하는 것이다. 우리가 **우리의** 과제에 대한 우리의 권리를 의심하려고 하면, 우리가 그 권리를 어떻게든 좀 더 가벼운 것으로 만들기 시작하면, 그 응답으로 그때마다 병이 생긴다. 기묘하면서도 동시에 두려운 일이다! 우리가 가장 혹독하게 참회해야 하는 것은 우리가 **가벼워지는 것**이다! 그리고 우리가 나중에 건강을 회복하고자 한다면, 우리에게 다른 선택의 여지는 없다. 우리가 예전에 짊어졌던 짐보다 **더 무거운** 짐을 짊어져야 한다…

# 심리학자가 말한다

## 1.

어떤 심리학자가, 어떤 타고난 심리학자가, 어떤 필연적인 심리학자이자 영혼의 전문가가 자신이 공들여 선택한 경우들이나 인간들에게 가까이 가면 갈수록, 동정심으로 인해 숨이 막히게 되는 위험은 점점 더 커지게 된다. 그는 다른 어떤 사람보다도 엄격성과 명랑성을 **필요로 한다**. 고귀한 인간들의 부패와 몰락은 말하자면 하나의 법칙이다. 그러한 법칙을 언제나 눈앞에서 목격해야 하는 일은 끔찍한 것이다. 이러한 몰락을 발견한 심리학자가, 다시 말해 고귀한 인간들의 이러한 총체적인 내면적 '불치병'을 발견하고, 모든 의미에서 영원히 '너무 늦었다!'는 것을 최초로 발견하며, 그런 다음에는 전체 역사를 통해 그것을 **거의** 항상 다시 발견한, 심리학자가 느끼게 되는 수많은 참담한 고통은 아마 언젠가는 심리학자 자신을 **파멸시키는** 원인이 될 것이다… 사람들은 거의 모든 심리학자들이 일상적이고 정상적인 인간들과 교제하는 것을 부지불식간에 매우 선호한다는 사실을 알고 있다. 이것이 알려 주는 것은, 심리학자는 항상 치료를 필요로 하고 일종의 도피와 망각을 필요로 한다는 점이다. 그의 들여다보고 베어 내는 일이, 그의 **직업**이 그의 양심에 남겨 놓은 것으로부터 벗어나는 일 말이다. 기억에 대한 공포는 그의 고유한 특징이다. 그는 다른 사람들의 판단 앞에서는 쉽게 침묵해 버린다. 그는 자신이 인식한 것과 관련해 아무리 자신이 존경받고 찬탄받고 사랑받고 미화된다 할지라도 무표정한 얼굴로 듣는다. ─ 때로는 그는 전면에서 주장되는 어떤 견해에 명백하게 찬성을 표명함으로써 실제로는 자신의 침묵을 은폐하기도 한다. 그가 처해 있는 역설적 상황은 아주 두려울 정도까지 심화되었다. 그래서 그가 **위대한 동정**과 **위대한 경멸**을 배우는 바로 거기에서, '교양 있는 사람들'은 자기들 딴에는 위대한 존경을 배우는 일이 벌어지기도 한다… 그리고 모든 중요한 경우들에서 그야말로 이러한 일들만이 일어났던 것은 아닌지 누가 알겠는가. ─ 사람들이 어떤 신을 숭배했을 때 그 신이 단지 하나의 가련한 희생양에 불과했던 것은 아닌지 누가 알겠는가… **성공**은 언제나 가장 위대한 사기꾼이었

다. ― 그런데 **작품**도, **행위**도 역시 하나의 성공인 것이다… 위대한
정치가, 정복자, 발견자는 자신의 창작물 안에 자신을 위장하고 감
추어서 자신을 전혀 알 수 없는 존재로 만들어 버린다. 예술가와 철
학자의 작품은 그 작품을 만든 사람, 아니 그 작품을 만들**었어야 할**
사람을 비로소 뒤늦게 고안해 내는 것이다… 숭배되는 '위대한 인
물들'의 이면에는 나중에 만들어진 하찮고 천박한 허구가 놓여 있
다. ― 역사적 가치라는 세계를 지배하는 자는 화폐위조범이다…

## 2.

― 이 위대한 시인들, 예컨대 바이런[14], 뮈세[15], 포[16], 레오파르
디[17], 클라이스트[18], 고골[19]과 같은 위대한 시인들 ― 나는 감히 그들

---

14  역주: 바이런(George Gordon Byron, 1788-1824)은 영국의 낭만주의 시인이다. 주요 작품으로
는 『코린트의 포위(The Siege of Corinth)』(1816), 《사르다나팔루스(Sardanapalus)》(1821), 《카인
(Cain)》(1821) 등이 있다.

15  역주: 뮈세(Louis Charles Alfred de Musset, 1810-1857)는 프랑스의 낭만주의 시인, 극작가, 소
설가로 '프랑스의 바이런'으로 불린다. 주요 작품으로는 《로렌자초(Lorenzaccio)》(1834), 『밤
(Nuits)』(1835-1837), 『추억(Souvenir)』(1841) 등이 있다.

16  역주: 포(Edgar Allan Poe, 1809-1849)는 미국의 소설가로서 추리소설의 창시자로 여겨진다. 주
요 작품으로는 『어셔가의 몰락(The Fall of the House of Usher)』(1838), 『검은 고양이(The Black
Cat)』(1841) 등이 있다.

17  역주: 레오파르디(Giacomo Leopardi, 1798-1837)는 이탈리아의 시인이다. 주요 작품으로는 『고
독한 참새(Il passero solitario)』(1829), 『칸티(Canti)』(1835) 등이 있다.

18  역주: 클라이스트(Heinrich von Kleist, 1777-1811)는 독일의 시인, 극작가, 소설가이다. 주요 작

보다 더 위대한 이름들을 거론하지는 않겠지만 그 이름들에 대해서 생각은 하고 있다 ― 은 어차피 위대한 사람들이고, 위대한 사람들이지 않으면 안 되는 것처럼 말이다. 그들은 한순간의 인물들이고, 감각적이고, 불합리하고, 5중적이고, 믿음과 불신에 있어서 경솔하고 급작스럽다. 그들은 통상적으로는 어떤 균열을 감추고 있는 영혼의 소유자들이다. 그들은 종종 어떤 내면의 모멸감에 대해 자신의 작품을 써서 복수를 한다. 그들은 종종 생생한 기억을 드높이 비상함으로써 잊으려 한다. 그들은 **늪** 가까이에 있는 이상주의자들인 셈이다. ― 이 위대한 예술가들과 게다가 이른바 비범한 인물들을 먼저 알아본 사람들에게는 이 인물들이 얼마나 큰 고문 Marter이란 말인가… 우리 모두는 평균인들의 대변자이다… 명백한 것은 **그들은** 바로 여성에게서 동정심의 무한한 발현을 아주 쉽게 경험한다는 사실이다. 고통의 세계에서는 예리한 통찰력을 발휘하지만 유감스럽게도 자신의 능력을 훨씬 넘어서 병적으로 타인을 돕고 구제하려는 여성에게서 말이다. 그리고 대중은, 특히 **숭배하는** 대중은 그 동정심에 관해 호기심에 가득 차서 자기 식대로 수많은 해석을 내린다… 이 동정심은 통상 자신의 능력에 대해 잘못 생

---

품으로는 《깨어진 항아리(Der zerbrochene Krug)》(1812) 등이 있다.

19  역주: 고골(Nikolai Gogol, 1809-1852)은 러시아의 소설가, 극작가이다. 러시아 사실주의 문학의 창시자로 불린다. 주요 작품으로는 《검찰관(Revizor)》(1836), 『죽은 넋(Mërtvye dushi)』(1842) 등이 있다.

각하고 있다. 여성은 사랑이 **모든 것**을 가능하게 한다고 믿고 싶어 한다. — 이것이 여성의 본래적인 **미신**이다. 아, 마음에 대해 잘 알고 있는 사람은 아무리 최고이자 깊이 있는 사랑이라 할지라도 얼마나 빈약하고 의지할 데 없고 교만하고 잘못이 많은지를 잘 알고 있다. — 사랑이 구원하기보다는 오히려 얼마나 **파괴**하는지를 말이다…

3.

— 깊이 괴로워하는 모든 인간의 정신적 구토와 자부심 — 이것이 바로 한 인간이 **얼마나** 깊이 괴로워할 수 있는지에 관한 등급을 거의 결정한다. — 깊이 괴로워하는 인간은 자신이 겪은 고통 덕분에 가장 영리한 자와 가장 현명한 자가 알 수 있는 것보다 **더 많이 알고**, '그대들은 아무것도 모르는' 수많은 방대한 고통의 세계에 대해 잘 알고 있을 뿐만 아니라 한때는 그 세계에 거주하기도 했다는 소름끼치는 확신 속에 전적으로 빠져 있고 또한 채색되어 있기도 하다… 인식에서 선택받은 자, '정통한 자', 희생자라고 할 만한 자가 갖고 있는 이러한 정신의 침묵하는 자부심과 이러한 긍지는 온갖 종류의 위장僞裝, Verkleidung을 필요로 한다. 집요한 동정의 손길과 접촉하는 것으로부터, 그리고 특히 고통을 받아들일 때 자신과 동등하지 않은 모든 것으로부터 자신을 보호하기 위해서 말이다.

깊은 고통은 사람을 고귀하게 만든다. 이것이 사람들을 구별해 준다. ― 가장 세련된 형태의 위장 중 하나는 에피쿠로스주의이다. 에피쿠로스주의는 일정하게 겉으로 과시하는 취향의 용감함으로서, 고통을 가볍게 받아들여 모든 비극적인 것과 모든 심원한 것으로부터 자신을 보호한다. 자신들을 위해 자신들이 명랑하다고 오해받으려고 명랑성을 이용하는 '명랑한 인간들'이 있다. ― 그들은 오해받기를 **원한다**. 학문이 어떤 명랑성의 외관을 부여하기 때문에, 그리고 학문이 인간은 피상적인 존재라는 결론을 내리게끔 하는 성격을 갖고 있기 때문에, 학문을 이용하는 '학문적인 정신들'이 있다. ― 그들은 그릇된 추론을 유도해 내길 **원하는 것이다**… 자신들의 심장이 근본적으로 파괴되어서 치유 불가능하다는 사실을 은폐하고 부정하길 원하는 뻔뻔스러운 자유정신들이 있다. ― 이것은 햄릿의 경우이다. 그렇다면 바보스럽다는 것 자체는 불행을 초래하지만 **너무나 확실한** 지식을 감추는 가면일 수 있다. ―

# 후기

## 1.

나는 어떤 다른 때보다 내 생애 가장 어려웠던 시절에 더 깊이 감사해야 하지 않을까라고 종종 자문했었다. 나의 가장 내적인 본성이 나에게 가르쳐 주듯이, 높은 곳에서 내려다보면 모든 것은 다 필연적인 것이고, **거시경제적인** 의미에서 보면 모든 것은 그 자체로다 유용한 것이기도 하다. ― 사람들은 그것들을 견뎌야 할 뿐만 아니라 사랑해야 한다… **운명애**Amor fati. 이것이 나의 가장 내적인 본성이다. ― 그리고 나의 오래된 병에 관해 말하자면, 나는 나의 건강보다 병으로부터 이루 말할 수 없이 더 많은 덕을 입은 것은 아닌가?

나의 **위대한** 건강은 병 덕택이다. 이 위대한 건강은 자신을 죽이지 못하는 모든 것에 의해 오히려 더 강해지는 그러한 건강이다! ― **나의 철학 역시 나의 병 덕택이다**… 위대한 고통이야말로 정신의 최후의 해방자이다. 위대한 고통은 모든 U에서 X를, 진정한 올바른 X를 만드는,[20] 말하자면 알파벳의 끝에서 **두 번째의 것**을 만드는 **위대한 의심의 스승이다**… 위대한 고통이야말로, 마치 생장작이 시간을 끌면서 타는 것처럼 우리를 오랫동안 서서히 태우는 저 길고도 느린 고통이야말로 ― 우리 철학자들에게 우리의 가장 깊은 심층으로 내려가라고 강요한다. 그리고 우리가 아마도 예전에 우리의 인간성이라고 생각했던 것, 즉 신뢰하는 것, 호의를 갖는 것, 베일로 가리는 것, 온화한 것, 중간의 것 등과 같은 그러한 모든 것을 우리로부터 떼어내라고 강요한다. 나는 그러한 고통이 과연 우리를 '개선시키는지'에 대해서는 의심이 든다. 그러나 나는 그것이 우리를 깊이 있게 만든다는 것을 알고 있다… 우리가 고통에 대해 우리의 자부심, 우리의 조소, 우리의 의지력을 대립시키는 것에 익숙해지건, 자신의 박해자가 매우 나쁘고 괴롭힘을 일삼는다 해도 그 박해자에게 말로써만 저항하고 해를 입히지 않는 인디언처럼 행동하건, 또는 우리가 고통 앞에서 말없이 경직되고 마비된 자기포기, 자기망각, 자기말

---

20　역주: 일종의 관용어구이다. X는 철학적 전통에서 우리가 전혀 알 수 없는 미지의 것을 상징한다.

소라는 저 무無, Nichts 속으로 후퇴하건 간에, 우리는 자기 자신을 지배하기 위한 이러한 길고도 위험한 연습을 통해 새로운 사람이 된다. 그는 이제 몇 가지 의문부호를 **더** 갖는다. ─ 무엇보다도 나중에는 지금까지 지상에서 질문되었던 것보다 더 많은, 더 깊은, 더 엄격한, 더 강한, 더 악한, 더 조용한 질문을 던지려는 의지를 갖는다… 삶에 대한 믿음은 사라져 버린다. 삶 자체가 하나의 **문제**가 되어 버렸다. ─ 사람들은 우리가 그렇게 해서 필연적으로 암울한 자, 즉 올빼미가 되어 버린 것을 믿지 않을지도 모른다! 하지만 삶에 대한 사랑은 아직도 가능하다. ─ 사람들은 단지 다른 방식으로 사랑할 뿐이다… 그것은 우리를 회의하게 만드는 여성에 대한 사랑 같은 것이다…


## 2.

매우 기이한 일이 하나 있다. 사람들은 그 후로 어떤 다른 취향을 갖게 되었다. ─ 어떤 **제2의 취향** 말이다. 사람들은 그러한 심연으로부터, **위대한 의심**의 심연으로부터 또한 새롭게 다시 탄생하는 것이다. 껍질을 벗고, 더욱 다정다감하고, 더욱 불경스럽고, 기쁨에 대해 더욱 섬세해진 취향을 갖고, 모든 좋은 것에 대해 더욱 예민해진 미각을 갖고, 더욱 유쾌한 감각을 갖고, 기쁨 속에서 어떤 제2의 위험한 천진난만함을 지니고, 이전에 존재했던 사람들보다 더욱 어린아이 같으면서도 동시에 수백 배나 세련된 모습으로 새롭게 다시 탄생하는 것이다. 교훈은 다음과 같다. 모든 시대의 가장 심오한 정신은 벌을 받는다. ― 또한 **보상도 받는다**… 즉시 시험을 해 보자.

　오, 이제 향락은 얼마나 혐오스러운 것인가! 더욱이 향락주의자들, 우리의 '교양인들', 우리의 부자들과 통치자들이 이해하는 것과 같은 거칠고 둔감한 갈색의 향락은 얼마나 혐오스러운 것인가! 이제 우리는 저 커다란 연시Jahrmarkt[21]의 시끄러운 소리를 얼마나 악의에 찬 마음으로 듣고 있는가! '교양 있는' 인간들과 대도시인들은 오늘날 예술과 책과 음악을 통해 '정신적 향락'을 추구하지만 결국은 정신의 마약에 의해 강간당하고 있는 것이다. 격정을 부르짖는 연극의 외침이 이제 우리의 귀를 얼마나 아프게 하는가! 저 교양 있는 천민이 사랑하는 낭만적 격동과 감각의 혼란과 더불어 숭고한 것, 고양된 것, 비정상적인 것에 대한 그의 열망은 얼마나 우리의 취향에 낯설게 되었는가! 그렇다. 우리 회복하는 자들이 여전히 예술을 필요로 한다면, 그것은 어떤 **다른** 예술이다 ― 마치 순수한 불꽃이 구름 한 점 없는 하늘로 불타오르는 것과 같은, 풍자적이고, 가볍고, 신속하고, 신처럼 방해받지 않고, 신처럼 기교적인 예술 말이다. 무엇보다도, 예술가를 위한 예술, **오직 예술가만을 위한** 예술 말이다! 우리는 이제 그러한 예술을 위해 필요한 것을 더 잘 이해하고

---

21　역주: 1년에 한 번 열리는 큰 시장.

있다. 그것은 명랑성, 나의 친구인 모든 종류의 명랑성이다! … 우리 지자들은 몇몇에 대해서는 너무나 잘 알고 있다. 오, 우리는 예술가로서 지금부터 잘 잊어버리는 법과 잘 **모르는** 법을 어떻게 배울 것인가!… 그리고 우리의 미래에 관해 말한다면, 저 이집트 청년들이 걷는 길 위에 우리가 서 있다는 것[22]을 사람들이 다시 발견하기는 힘들 것이다. 이 청년들은 밤에 신전을 위험하게 하고 조각상을 끌어안으면서 충분한 이유가 있어 숨겨 놓은 모든 것을 철저히 벗겨 내고 드러내어 밝은 빛 아래 세우려 한다. 아니다. 우리는 이러한 천박한 취향, 이러한 진리에의 의지, '어떤 대가를 치르더라도 진리'에의 의지, 진리에 대한 사랑 속에 있는 이러한 젊은이의 광기 — 이러한 것들을 싫어한다. 그러기에는 우리가 너무 노련하고, 너무 진지하고, 너무 쾌활하고, 너무 불타 버렸고, 너무 심오하기 때문이다… 사람들이 진리의 **베일**을 벗겨 낸다 할지라도, 진리는 여전히 진리로 남아 있으리라는 것을 우리는 더 이상 믿지 않는다. — 우리는 그런 것을 믿기에는 이미 충분히 살았다… 사람들이 모든 것을 있는 그대로 보지 않고, 모든 것에 관여하지 않으며, 모든 것을 이해하거나 '알고' 싶어 하지 않는 것이 오늘날 우리에게는 예의 바

---

22  역주: 실러의 담시 「자이스의 은폐된 신상(Das verschleierte Bild zu Sais)」에는 금지를 했음에도 불구하고 이시스(Isis) 여신상을 덮고 있는 베일을 벗긴, 호기심 많은 이집트의 청년에 관한 이야기가 있다. 니체는 이 이야기를 염두에 두고 있는 것으로 보인다. 니체는 「즐거운 학문」 57절에서도 비슷한 언급을 하고 있다. "오, 그대들 사랑스러운 자이스의 신상들이여(oh ihr geliebten Bilder von Sais)!"

른 태도로 여겨진다. **모든 것을 이해한다는 것은 모든 것을 경멸한다는 것이다.** "한 어린 소녀가 어머니에게 물었다. 하느님이 어디에나 계신다는 것이 정말인가요? 그러나 나는 그것을 묻는 것이 버릇없는 짓이라고 생각한다." — 철학자를 위한 하나의 충고이다!⋯ 자연이 자신을 수수께끼와 다양한 불확실성 배후에 숨기는 것과 같은 그러한 **부끄러움**을 우리는 좀 더 존중해야 한다. 아마도 진리는 **자신의 속을 보여 주지 않을 만한 이유를 갖고 있는** 여성이 아닐까?⋯ 아마도 그녀의 이름은 그리스적으로 말하면 **바우보**Baubo[23]가 아닐까?⋯ 오, 이 그리스인들! 이들은 **삶**을 이해하고 있었다. 삶을 위해서는 표면에, 주름에, 표피에 용감하게 남아 있고, 가상Schein을 숭배하고, 형식과 음조와 말과 **가상의 올림포스** 전체를 믿는 일이 필요하다! 이 그리스인들은 표면에 남아 있다. — 그들은 **깊이가 있기 때문이다**⋯ 현대 사상의 가장 높고도 가장 위험한 정상에 올라가 거기서 우리 주위를 둘러보았고 또 거기서 **내려다보았던** 정신의 모험가인 우리들, 이제 바로 그곳으로 돌아가지 않으려는가? 우리는 바로 이 점에서 — 그리스인이지 않은가? 형식과 음조와 말의 숭배자가 아닌가? 바로 그렇기 때문에 — **예술가가 아닌가?**⋯

---

23 역주: 그리스 신화에 나오는, 도시 엘레우시스(Eleusis)의 여인이다. 데메테르 여신이 하계의 신 하데스에게 납치된 딸 페르세포네를 찾아 온 세상을 돌아다니다 엘레우시스에 들렀을 때 따뜻하게 맞아 주고, 비탄에 잠긴 여신의 시름을 덜어 주기 위해 치마를 들어 올려 자신의 벌거벗은 음부를 내보이는 우스꽝스러운 행동을 하였다고 한다.

# 가장 부유한 자의
# 가난에 대하여

십 년이 흘러갔다 ─,

어떤 물방울 하나도 내게 떨어지지 않았다.

촉촉한 바람도, 사랑의 이슬도

**─ 비가 내리지 않는 땅…**

이제 나는 내 지혜를 간청한다,

이 메마름에서 갈망하지 말 것을.

이슬이 스스로 넘쳐흐르고, 스스로 방울방울 떨어지기를

스스로 누렇게 바랜 황야의 비가 되기를!


일찍이 나는 구름에게 명령했다,

내 산에서 떠나가라고. ―

일찍이 나는 '더 많은 빛을, 그대 어둠이여!'라고 말했다

오늘 나는 구름이 다가오도록 유혹한다.

그대의 젖가슴으로 내 주위를 어둡게 하라!

― 나는 그대의 젖을 짜고 싶다,

높은 곳의 그대 암소들이여!

젖처럼 따뜻한 지혜를, 사랑의 달콤한 이슬을,

나는 땅 위에 쏟아붓는다.


사라져라, 사라져라, 그대 진리들이여.

그대 음울한 시선을 보내는 자들이여!

나는 내 산 위에서 보고 싶지 않다,

퉁명스럽고 성급한 진리들을.

미소에 의해 황금빛이 된

진리가 오늘 내 곁에 있다.

태양에 의해 달콤해지고 사랑에 의해 갈색이 된, ―

**잘 익은** 진리 하나를 나는 그저 나무에서 딸 뿐이다.


오늘 나는 손을 내민다,

우연의 유혹에.

충분히 현명하다,

어린아이처럼 우연을 놀리고 책략을 써서 이길 정도로.

오늘 나는 손님에게 친절을 베풀고 싶다,

달갑지 않는 손님일지라도,

운명에 대해서조차 나는 가시를 세우고 싶지 않다.

─ 차라투스트라는 고슴도치가 아니다.


내 영혼은,

만족할 줄 모르며 자신의 혀로,

모든 좋고 나쁜 것들을 이미 맛보았고,

온갖 심연 아래로 잠수한다.

그러나 언제나 코르크처럼,

언제나 다시 위로 떠올라 헤엄친다.

내의 영혼은 마치 기름처럼 갈색 바다 위를 어지러이 떠다닌다.

이 영혼 때문에 사람들은 나를 행복한 자라고 부른다.


누가 나의 아버지이고 어머니인가?

나의 아버지는 충일의 왕자가 아닐까?

나의 어머니는 조용한 웃음이 아닐까?

이 둘의 혼인이 낳은 것이 아닐까?

수수께끼 짐승과 같은 나를,

빛의 괴물과 같은 나를,

모든 지혜의 방탕자 차라투스트라와 같은 나를.


오늘 깊은 애정에 병들어 있다,

따스한 바람이.

차라투스트라를 기다리며, 자신의 산 위에서 기다리며 앉아 있다. ─

고유한 과즙으로

달콤해지고 무르익어,

자신의 산 정상 **아래에서**,

자신의 얼음 **아래에서**,

지쳤지만 기쁨에 가득 차,

어떤 창조자가 자신의 제7일째 날에.


─ 조용히 하라!

진리 하나가 내 머리 위를 거닐고 있다,

구름과도 같이. ─

보이지 않는 번갯불로 그 진리가 나를 맞춘다.

넓고 완만한 계단 위로

진리의 행복이 내게로 올라온다.

오라, 오라, 그리운 진리여!


─ 조용히 하라!

내 진리가 이것이다!

주저하는 눈으로

벨벳처럼 부드러운 전율 속에서

그 시선은 나를 맞춘다,

사랑스럽게, 악의 있게, 소녀의 시선처럼…

그것은 내 행복의 **근원**을 알아차리고,

그것은 나를 알아차린다 — 하! 무엇을 생각하는 것일까?—

진홍색의 용 한 마리가 애타게 기다리고 있다,

소녀 같은 시선의 심연에서.


— 조용히 하라! 내 진리가 **말하고 있다**! —


가엾어라, 그대 차라투스트라!

그대는 마치 그런 사람처럼 보이는구나,

황금을 집어삼킨 사람처럼.

사람들은 그대의 배를 가르려고 할 것이다!…


그대는 너무나 풍부하다.

그대 많은 것의 유혹자여!

그대는 너무 많은 이를 시샘하게 하고,

그대는 너무 많은 이를 가련하게 한다…

심지어는 내게도 그대의 빛은 그림자를 던진다. —

나는 한기를 느낀다. 가라, 그대 부유한 자여,

가라, 차라투스트라, 나의 태양으로부터 비켜나라! …


그대는 그대의 충일을 선사하길 원한다, 모조리 선사하길 원한다.

그리고 그대 자신이 가장 충일한 자이다!

현명해져라, 그대 부유한 자여!

**그대 자신을 먼저 선사하라**, 오, 차라투스트라여!


십 년이 흘러갔다 —,

그리고 어떤 물방울 하나도 그대에게 떨어지지 않았는가?

촉촉한 바람도? 사랑의 이슬도?

그런데 누가 그대를 사랑**하겠는가**,

지나치게 부유한 자인 그대를?

그대의 행복은 주변을 건조하게 하고,

사랑을 빈약하게 만든다.

— **비가 내리지 않는 땅**…


어느 누구도 그대에게 더 이상 감사하지 않는다,

그러나 그대는 모두에게 감사한다,

그대에게서 받은 모두에게.

여기서 나는 그대를 알아본다,

그대 지나치게 부유한 자여,

그대 모든 부유한 자 중에서 **가장 가난한 자여!**


그대는 그대를 희생한다, 그대의 부가 그대를 **괴롭힌다**. —

그대는 그대 자신을 내주고,

그대는 자신을 돌보지 않으며, 그대의 이익을 취하지 않는다.

큰 고통이 언제나 그대를 강요한다,

**넘쳐 나는** 곳간의 고통이, **넘쳐 나는** 심장의 고통이. —

그러나 어느 누구도 더 이상 그대에게 감사하지 않는다…


그대는 **더 가난해져야** 한다,

현명한 어리석은 자여,

그대 사랑받고자 하는가!

사람들은 오직 고통받는 자만을 사랑한다,

사람들은 오직 허기진 자에게만 사랑을 주는 법이다.

**그대 자신을 먼저 선사하라**, 오, 차라투스트라여!


— 나는 그대의 진리다…

## I.

니체와 바그너의 관계는 서로의 정신을 존중하고 깊은 우정을 나누는 친구관계였지만, 어떤 측면에서는 일종의 아버지와 아들의 관계로 이해될 수 있다. 바그너는 1813년에, 다시 말해 니체의 아버지 카를 루트비히 니체와 같은 해에 태어났다. 니체는 1844년 10월 15일에 세상에 나왔으니, 바그너와 니체 사이에는 31년이란 긴 시간이 놓여 있는 셈이다. 목사였던 니체의 아버지는 니체가 태어난 지 5년 후인 1849년에 이미 세상을 떠났다.

니체와 바그너 두 사람은 1868년 11월 8일 라이프치히에 있는 헤르만 브록하우스Hermann Brockhaus의 집에서 최초로 만났다. 이 당시 니체는 라이프치히대학의 고전문헌학과 학생이었고, 바그너의 모든 음악극은 《니벨룽의 반지》와 《파르지팔》을 빼놓고는 이미 상연되었던 시기이다. 니체가 바젤대학교 고전문헌학 교수였고 바그너가 루체른Luzern의 트립센Tribschen에 살았던 1869년에서 1872년 사이 두 천재적 음악가와 철학자는 서로 사상을 교류하면서 친밀한 관계를 가졌다. 니체는 이 기간에 트립센의 바그너를 23번이나 방문했다고 한다. 니체와 바그너는 특히 고대 그리스 비극 문화, 쇼펜하우어의 철학, 그리고 오페라 등에 열정적인 관심을 가졌고 서로가 지니고 있는 탁월한 예술가적 능력과 사상가적 재능을 발견하고 매우 가까운 사이로 지냈다.

니체와 바그너는 근대 문화가 쇠퇴하고 몰락해 가는 시대에 살고 있다고 생각했다. 근대 문화는 중세 그리스도교의 초월세계에 대한 믿음에서 벗어나 이 세계 안에서 자연의 창조적 힘을 동경하며 자유롭고 이성적인 삶을 추구하는 방향으로 나아갔다. 하지만 이러한 근대의 세속화는 자유롭고 행복한 삶의 조건을 만들어 내기는커녕 도구적 이성의 시장과 자본이 전적인 권력을 획득함으로써 새로운 억압을 낳았던 것이다. 이와 같이 근대 문화는 세속적 물질주의, 천박한 향락주의, 경박한 낙관주의에 매몰되었고, 인간은 자신의 '신성한' 속성들을 모두 상실해 갔다. 이제 스피노자나 괴테와 같은 근대의 사상가들이 추구했던 '세계 안에서의 초월'은 불가능한 것처럼 보였다.

니체와 바그너는 고대 그리스 문화를 자신들의 문화적 이상으로 여겼고 근대 문화의 '타락' 문제를 해결해 줄 수 있는 대안으로 생각했다. 그렇다면 고대 그리스 문화의 재탄생은 어떻게 가능한 것일까? 바그너는 고대 그리스의 디오니소스 축제를 모델로 삼아 그와 같은 의미의 축제를 독일 문화에 새롭게 뿌리내리게 하려 했다. 바그너는 특히 디오니소스 축제 기간에 상연되었던 비극을 중요시했고, 신화와 음악과 언어와 춤이 통일을 이루는 종합예술작품 Gesamtkunstwerk으로서의 음악극Musikdrama을 고안하기에 이른다. 바그너는 근대 오페라를 비판하면서 자신의 음악극 개념을 창안했고, 고대 그리스 신화가 아니라 북구와 독일 게르만 민족의 신화를 자신의 음악극에 의식적으로 사용했다. 이는 비극의 정신의 재발견뿐만 아니라 근대 자유주의가 지닌 개체화의 문제점을 극복하고 민족적 이야기성과 공동체성의 정립을 위해서였다.

니체는 바그너를 고대 그리스 비극의 정신적 유산을 상속받은 위대한 예술가로 이해했다. 그리고 니체는 바그너의 작품이 근대 문화의 몰락에 맞서 새로운 문화를 꽃피우는 데 기여할 수 있기를 희망했다. 서로 다른 점이 다소 있다고 할지라도, 음악에 관한 니체의 생각들은 대체로 바그너의 음악극 이론과 일치한다. 1872년에 출간된 니체의 첫 작품『음악의 정신으로부터 비극의 탄생Die Geburt der Tragödie aus dem Geiste der Musik』은 바그너에게 헌정된 책이기도 하다. 이 책이 세상에 나온 1872년, 바이로이트에서는 앞으로 바그너의 음악극만을 상연하게 될 '극장'의 건축을 알리는 기공식이 개최되었다. 바이로이트 극장은 1876년《니벨룽의 반지》의 초연과 함께 개장된다. 이 바이로이트 극장의 개장은 두 창조적 인물이 서로 멀어지게 되는 시작점이기도 하다. 니체는『비극의 탄생』이후 스스로 자신의 사유를 발전시켜 나갔고 이러한 독창적인 사유의 발전이 그가 바그너로부터 벗어나는 것을 촉진했다고 할 수 있다. 1876년 11월 초, 나폴리의 소렌토에서 두 사람은 마지막으로 만났다. 니체는 바그너가《파르지팔》(1882)을 통해 결국 그리스도교에 무릎을 꿇었다고 이해했고, 이후 두 창조적 인물의 관계는 결정적으로 단절되었다. 바그너가 1883년 2월 13일 베네치아에서 죽은 후, 니체는 바그너를 '병들어 있는' 근대의 대변인으로 간주하고 더 공격적으로 비판한다. 그리고 그러한 바그너 비판은 1888년 니체가 정신적으로 붕괴하기 직전에 쓴『바그너의 경우』에서 정점에 이른다.


II.


『바그너의 경우』는 쇼펜하우어(1874)와 바그너(1876)를 다룬 두 개의『반시대적 고찰Unzeitgemäße Betrachtungen』이후 하나의 역사적 인물을 저술의 주제로 삼은 첫 번째 작품이다.『반시대적 고찰』에서 쇼펜하우어와 바그너는 인류 문화와 정신의 스승으로서 이해되었고 따라서 존경의 대상으로 서술되었다. 하지만 이제『바그너의 경우』에서 바그너는 문화 혁신의 장애물이자 문화 몰락의 징후로서 간주된다. 특히 그는 근대의 온갖 문제들을 전시하고 있는 '진열장'으로 묘사된다. 근대 문화의 위기는 '데카당스décadence'라는 현상에

서 명확히 나타나는데, 그 명백한 사례를 바그너의 경우에서 찾을
수 있다는 것이다.

『바그너의 경우』는 1888년 4월과 8월 사이에 토리노Torino와 실스
마리아Sils-Maria에서 쓰였고, 1888년 9월 22일에 1,000권이 발간되
었다. 『바그너의 경우』는 물론 니체가 바그너와의 관계를 명확하게
청산하기 위해 쓴 책이라고 할 수 있다. 바그너와 이미 오래전부터
거리를 두면서 그를 비판하는 글들을 여러 차례 발표했음에도 불
구하고, 니체는 아직까지도 독일의 식자층에게는 바그너의 선전가
나 대변인 정도로 기억되고 있었다. 니체는 이 부분이 정확히 정리
되길 원했다. 그리고 무엇보다도 자신이 바그너와 혼동되지 않기
를 원했다. 하지만 『바그너의 경우』는 단순히 이러한 바그너 개인
과의 관계를 정리하는 데만 초점을 두고 저술된 책은 아니다. 이 저
술은 바그너를 근대의 데카당스의 한 사례로 제시하고 그 본질을
분석하는 데 목표를 두고 있는 것이다.

데카당스는 생리학과 정신병리학적 차원에서 사용되는 용어로
서 본래 불어로는 '쇠락', '쇠퇴', '퇴폐'를 의미한다. 니체는 데카당스
가 어디에서 비롯되는지, 어떻게 극복할 수 있는지에 초점을 두고
있다. 니체는 데카당스가 의지의 나약함, 육체적 허약함, 피로, 정
체 등에서 비롯된다고 보았다. 이로써 **데카당**décadent은 나약한 자,
지친 자, 도덕과 종교를 맹신하는 자, 종말을 추구하는 자, 허무주
의자, 구원을 갈망하는 자 등으로 나타난다는 것이다. 니체는 이러

한 데카당스가 자신의 시대를 광범위하게 지배하고 있다고 생각했다. 니체 자신도 스스로를 데카당으로 간주했다. "나는 바그너만큼 이 시대의 자식이다. 즉 하나의 데카당이다. 나는 단지 이것을 이해했고, 나는 단지 이것에 저항했을 뿐이다." 물론 니체는 스스로 오랜 기간의 자기극복을 통해 다시 회복되었다고 생각했다. 그 반면에 바그너는 그 데카당스라는 병을 계속 앓고 있을 뿐만 아니라 그것을 자신의 시대에 강하게 전염시키고 있다고 보았다.

『바그너의 경우』는 서문에 이어 "1888년 5월 토리노로부터의 편지"라는 언급과 함께 본문이 시작된다. 수신인은 명확히 제시되지 않았지만 이 글을 읽는 독자 모두가 그 수신인일 것이다. 그리고 열두 개의 장으로 나누어져 있고, 두 개의 짧은 '추신'과 한 개의 '후기'가 뒤따른다. 니체가 이 저술에서 말하고자 하는 핵심 주장 중 하나는 '바그너의 예술이 병들어 있다'는 점이다. 바그너의 예술은 데카당스의 예술이라는 것이다. 우선 내용적으로 볼 때, 바그너의 작품은 끊임없이 구원의 문제를 다룬다고 한다. 그리고 사랑에 의한 구원이 그 본질을 이루고 있다. 니체는 본문 서두에서 사랑의 주제와 관련해 비제를 바그너와 대립하는 음악가의 한 사례로 제시한다. 예컨대 비제의 《카르멘》에서 나타난 사랑은 바그너의 작품들에서처럼 몰아적selbstlos이지도 않고 이타적이지도 않으며 순결을 강조하지도 않는다. 그리고 타자의 사랑을 통한 구원은 이야기하지도 않는다.

누가 구원을 간절히 바라는가? 누가 사랑에 의한 구원을 원하는가? 니체가 볼 때, 구원은 단지 데카당에게만 중요한 문제이다. 데카당, 즉 지친 자, 나약한 자, 허약한 자는 그리스도교에서 종교적 구원을 바라거나 쇼펜하우어의 동정윤리에서 도덕적 구원을 바란다. 또 아니면 바그너의 강력한 마취제와 같은 낭만주의 음악에서 음악적 구원을 바란다. 반면에, 비제의 《카르멘》은 삶의 고통뿐만 아니라 삶의 즐거움을 긍정하고 있다. 다시 말해 삶의 염세적이고 비극적인 측면뿐만 아니라 동시에 삶의 충만함과 '명랑성Heiterkeit'을 재현하는 예술인 것이다. 니체에 따르면, 이른바 구원이 필요하다면 타자에 의한 구원이 아니라 자기극복을 통한 자기구원이 되어야 한다. 비제와 바그너의 대립은 '고전적인 것'과 '낭만적인 것'의 대립, '건강'과 '병'의 대립, '남방적인 음악'과 '북방적인 음악'의 대립 등으로 비유되기도 한다.

바그너의 음악은 도덕과 종교와 낭만주의를 대변하는 예술이다. 니체는 바그너가 오랫동안 믿어 왔던 사회혁명의 신념이 쇼펜하우어의 염세주의에 의해 좌초되었다고 보았다. 쇼펜하우어의 염세주의와 동정윤리에 의해 채색된 《니벨룽의 반지》, 그리고 "도덕적이고 종교적인 불합리의 반복"이 작품 전체를 짓누르고 있는 《파르지팔》을 그 증거로 제시한다. 니체에 따르면, 바그너가 "무대 위에 올리는 문제들"은 "모두 히스테리 환자의 문제들뿐"이다. "그의 발작적인 정서, 그의 과민한 감각, 그의 점점 더 강한 자극을 원하는 미적 취향, 그가 자신의 원칙인 것처럼 가장하는 그의 불안정성, 생리적 전형으로 간주된 그의 남녀 주인공들(− 병자들의 진열실! −)의 선정에서 결코 적지 않은 경우, 이 모든 것이 전부 병든 모습을 보여준다. 이는 의심할 여지가 없다. **바그너는 노이로제 환자이다.**" 바그너의 음악은 병들어 있고, 병든 자를 더 병들게 한다.

    음악의 형식면에서 볼 때, 바그너의 음악은 '퇴행적'이라고 할 수 있다. 바그너 음악은 위대한 양식을 추구하기보다는 '거대한' 양식을 추구하고, 무질서한 선율과 모호한 리듬을 통해 강력한 '자극'을 주는 데만 온 힘을 쏟기 때문이다. 바그너 음악은 '진실'에는 관심이 없고 '효과'에만 관심이 있다. 이와 같이 바그너는 음악가라기보다는 연극배우로 간주되는 것이 타당하다는 것이다. 바그너가 "음악사에서 갖는 의미는 무엇일까?" 그것은 다름이 아니라 **"음악에서의 배우의 등장"**이 가능하게 했다는 것이다.

    첫 번째 추신은 바그너의 해로운 영향사적 측면을 언급하고 있고, 두 번째 추신은 브람스가 바그너의 대안이 될 수 없다는 점을 분명히 하고 있다. 후기는 주인도덕과 그리스도교적 도덕의 대립관계를 거론하는 동시에, 근대의 '병적인' 가치 문제를 다룰 "근대 영혼에 대한 진단학"을 사유 과제로서 제안하고 있다.

# Ⅲ.

　『니체 대 바그너』는 니체가 이미 출판한 저술들에서 필요한 글들을 부분적으로 발췌해 새롭게 재구성한 작품이다. 니체는 아포리즘을 원래의 맥락에서 떼어 내 새롭게 재구성하는 이른바 콜라주 기법을 사용해 새로운 의미를 만드는 실험을 한 것이다. 니체는 의미를 명확하게 하기 위해 발췌된 글의 일부 내용을 축약하거나 문체를 수정하기도 했다. 『니체 대 바그너』가 만들어진 동기는 독특하다. 니체는 『바그너의 경우』라는 논박서가 등장한 이후 자신을 비판하는 많은 서평들을 접하게 된다. 바그너와 결별한 동기가 불분명하다는 비판과 함께 그 결별이 갑작스럽게 일어났다는 비난까지 듣게 되었다. 니체는 자신이 바그너를 떠난 것은 오래전부터의 일이고 갑작스러운 것이 아니었다는 점을 증명할 필요가 있었다. 그리고 또한 자신을 바그너와 혼동하지 말 것을 알리기 위해 이 저술을 기획한 것이다. 이와 같이 니체는 1888년 12월, 그 이전 저술에서 관련되는 아포리즘을 뽑아 재구성해 『니체 대 바그너』를 완성했다. 이 책은 니체의 최후의 저술이라고 할 수 있지만 니체 생전에는 출간되지 못했다.

　각 장들의 출처는 다음과 같다. "내가 경탄하는 곳Wo ich bewundere"(『즐거운 학문』 87), "내가 반박하는 곳Wo ich Einwände mache"(『즐거운 학문』 368), "간주곡Intermezzo"(『이 사람을 보라』, 「나는 왜 이렇게 영리한가」

7), "위험으로서의 바그너Wagner als Gefahr 1"(『인간적인, 너무나 인간적인』II 134), "위험으로서의 바그너Wagner als Gefahr 2"(『인간적인, 너무나 인간적인』II 165), "미래 없는 음악Eine Musik ohne Zukunft"(『인간적인, 너무나 인간적인』II 171), "우리 대척자들Wir Antipoden"(『즐거운 학문』 370), "바그너가 속한 곳Wohin Wagner gehört"(『선악을 넘어서』 254, 『선악을 넘어서』 256), "순결의 사도로서의 바그너Wagner als Apostel der Keuschheit 1"(『선악을 넘어서』 256), "순결의 사도로서의 바그너Wagner als Apostel der Keuschheit 2"(『도덕의 계보학』III 2), "순결의 사도로서의 바그너Wagner als Apostel der Keuschheit 3"(『도덕의 계보학』III 3), "나는 어떻게 바그너로부터 벗어났는가Wie ich von Wagner loskam 1, 2"(『인간적인, 너무나 인간적인』II 서문Vorrede 3, II 서문 4), "심리학자가 말한다Der Psycholog nimmt das Wort 1-3"(『선악을 넘어서』 269, 『선악을 넘어서』 270), "후기Epilog 1, 2"(『즐거운 학문』 서문 3, 『즐거운 학문』 서문 4), "가장 부유한 자의 가난에 대하여Von der Armut des Reichsten"(1889년 초에 완성된 「디오니소스-주신찬가Dionysos-Dithyramben」).

『니체 대 바그너』는 바그너와의 대립적 관계를 명확히 하는 데 목표를 두었다 할지라도, 이 저술은 그가 시도했던 "모든 가치의 재평가Umwertung aller Werte"의 일환으로 이해하는 것이 바람직하다. 자신의 사유의 후기에, 니체는 근대의 가치를 포함해 전통 가치들을 재평가하고 전도시키는 작업을 시도했다. 바로 바그너는 그러한 가치 전도의 대상 중 좋은 사례로 여겨진 것이다. 『니체 대 바그너』

에서도 바그너의 음악은 '대중적인' 효과만을 노리는 일종의 '연극'
으로 평가되었다. 바그너의 음악은 '삶의 빈곤'으로 인하여 고통받
는 자들, 지친 자들, 약한 자들에게 고통을 잠시 잊게 하는 마취제
일 뿐이다.

병은 삶에서 반드시 존재하기 마련이고 피할 수 없는 필연적인
것이다. 병은 인간에게 고통을 주는 해로운 것이다. 하지만 니체는
이러한 병으로부터 약해지거나 도피하지 말고, 이 병을 삶의 자극
제로 활용하자고 제안한다. 병에 굴복하지 않고 병을 이겨 낼 수 있
는 만큼의 건강만 있으면, 병은 오히려 삶의 자극제가 될 수 있다
는 것이다. 어떤 사람이 강한 사람이라면, 니체의 표현을 빌리자면,
'힘에의 의지'가 강한 사람이라면, 심지어는 병과 고통이야말로 그
로 하여금 위대한 작품을 창조하게 하고 '건강한' 철학을 하게 하기
도 한다. 니체는 일생 동안 수많은 병으로 고통을 받았지만, 자신
은 '위대한 건강'을 소유하고 있다고 말한다. 늘 존재할 수밖에 없
는 병 — 이러한 병을 계속해서 극복할 수 있는 능력이 바로 위대한
건강이다. 그 반면에, 니체에 따르면, 약한 자와 지친 자, 즉 데카당
은 병에 굴복되고 삶의 고통에 괴로워한다. 그래서 데카당은 도덕
이나 종교에서 구원을 기대한다. 또한 데카당은 병의 고통에서 잠
시나마 벗어나기 위해 바그너의 자극적인 음악을 마취제로 사용
한다.

마침내 니체는 '후기'에서 자신의 삶의 궁극적인 태도인 '운명애'

를 언급한다. 니체에 따르면 "높은 곳에서 내려다보면 모든 것은 다 필연적인 것이고, **거시**경제적인 의미에서 보면 모든 것은 그 자체로 다 유용한 것이기도 하다." 미시적으로 보면 큰 고통도, 거시적으로 보면 그럴 만한 이유가 있는 것이다. 인간은 온갖 노력을 다하지만 자신에게 할당된 운명의 손아귀에서 벗어날 수 없다. 인간은 삶을 완전하게 인식할 수도 없고 자신의 자유의지대로 살아갈 수도 없다. 그리고 비극작품들에서 보여 주듯이, 결국 삶은 덧없이 몰락한다. 그럼에도 불구하고 니체는 구원의 허상과 데카당스한 가치에 빠지지 말라고 말한다. 그 대신에 이런 불가사의한 세계 안에서 때로는 고통을 견디고, 때로는 맞서 싸우면서, 자기를 극복하고 운명을 긍정하는 삶을 살기를 권한다. 우리는 운명을 견뎌 내야 할 뿐만 아니라 사랑해야 한다고 말한다. 이것이 바로 "운명애Amor fati" 이다.

## 지은이에 대해

니체는 1844년 10월 15일 독일의 작센 지방의 작은 마을인 뢰켄 Röcken에서 루터교 목사 카를 빌헬름 루트비히 니체(1813-1849)의 아들로 태어났다. 아버지가 뇌 질환으로 1849년에 세상을 떠난 후 니체의 가족은 나움부르크Naumburg로 이사를 갔고, 그곳에서 할머니와 어머니 프란치스카, 그리고 두 명의 고모들과 함께 살며 어린 시절을 보냈다.

1853년 그는 나움부르크에 있는 김나지움에 다녔는데, 음악과 언어에서 탁월한 재능을 발휘하기 시작했다. 그 후 국제적으로 유명한 슐포르타에 입학해 1858년부터 1864년까지 학업을 계속했다. 그는 시를 짓고 음악을 작곡하면서 학창시절을 보냈는데, 특히 고전어와 독일문학에서 탁월한 재능을 보였다.

1864년 졸업 후 그는 본대학에서 신학과 고전문헌학 공부를 시작했지만, 어머니와의 갈등에도 불구하고 한 학기 지나 신학 공부를 중단했다. 그 후 니체는 리츨 교수 밑에서 고전문헌학을 배웠고,

이듬해에 리슬을 따라 라이프치히대학으로 옮겼다.

1865년에 그는 우연히 발견한 쇼펜하우어의 『의지와 표상으로서의 세계』를 읽고, 한동안 그의 염세주의 철학에 매료된다. 이를 통해서 그는 자신의 철학적 사유 지평을 넓혔고, 나중의 『비극의 탄생』의 중요한 토대를 마련하게 된다.

1869년, 그는 25살에 리슬의 도움으로 스위스 바젤대학의 고전문헌학 교수에 위촉되었다. 그는 취임 강연으로 〈호메로스와 고전문헌학Homer und die klassische Philologie〉을 강설했다. 신학과 교수인 프란츠 오버베크와 어울렸고 그와 평생 동안 친구로 지냈으며 역사학자인 야코프 부르크하르트도 알게 되는데, 그가 존경했던 부르크하르트는 그에게 많은 영향을 미쳤다.

1869년 니체는 트립셴에서 리하르트 바그너와 만났는데, 바젤에 있던 시기, 두 사람은 매우 긴밀한 관계에 있었다. 바그너는 니체를 바이로이트 극장에 초대하기도 했는데, 이후 바그너가 점차 그리스도교화되자 니체는 그와 결별했다.

1872년에 첫 저서인 『비극의 탄생』을 썼다. 그리스 비극의 탄생과 몰락을 다루고 있는 이 작품은 니체의 초기 철학(예술가-형이상학)의 핵심을 담고 있는데, 당시의 고전문헌학자들은 혹평을 했다.

1873년과 1876년 사이에는 『반시대적 고찰』을 썼는데, 총 4편으로 「다비트 슈트라우스, 고백자와 저술가」, 「삶에 대한 역사의 유익함과 해로움」, 「교육자로서의 쇼펜하우어」, 「바이로이트의 리하르트 바그너」로 나뉜다. 네 편의 에세이는 기본적으로 그의 시대에 대한 총체적 비판을 담고 있다. 그는 1876년에 바이로이트 축제에서 진부한 공연과 바그너에 대한 숭배 분위기에 혐오감을 느끼고 실망한 후 결국 바그너와 거리를 두게 되었다.

1878년 아포리즘으로 구성된 『인간적인, 너무나 인간적인』을 출판했다. 1879년 그는 건강이 더욱 악화되어 바젤대학의 교수직을 사임했다. 그 후 요양하면서 저술에 전념하는데, 1881년 『아침놀』, 1882년 『즐거운 학문』, 1883-1885년 『차라투스트라는 이렇게 말했다』, 1886년 『선악을 넘어서』, 1887년 『도덕의 계보학』, 1888년 『바그너의 경우』, 『안티크리스트』를 출판했으며, 『우상의 황혼』, 『이 사람을 보라』, 『디오니소스 송가』, 『니체 대 바그너』 등을 저술했다. 1889년 1월 3일 카를로 알베르토 광장에서 기절한 후 10여 년간 정신 질환을 앓다가 1900년 독일 바이마르Weimar에서 사망했다.